Wilhelm Michel

Nietzsche im zwanzigsten Jahrhundert

SEVERUS

Michel, Wilhelm: Nietzsche im zwanzigsten Jahrhundert
Hamburg, SEVERUS Verlag 2015

ISBN: 978-3-95801-075-8
Druck: SEVERUS Verlag, Hamburg, 2015
Nachdruck der Originalausgabe von 1939

Der SEVERUS Verlag ist ein Imprint der Diplomica Verlag GmbH.

Bibliografische Information der Deutschen Nationalbibliothek:
Die Deutsche Nationalbibliothek verzeichnet diese Publikation in der Deutschen Nationalbibliografie; detaillierte bibliografische Daten sind im Internet über http://dnb.d-nb.de abrufbar.

Wilhelm Michel

Nietzsche

SEVERUS

E i n l e i t u n g

Die großen Männer, die ein Volk hervorbringt, sind ihm auf der einen Seite Güter und Geschenke, auf der anderen Seite Aufgaben. Sie „gehören" ihrem Volke, aber so, wie dem Einzelmenschen seine Erleuchtungen, seine Begeisterungen und Eingebungen gehören — nämlich als fremdartige Augenblicke der Begnadung, die verlangen, in dauerndes Bewußtsein und Leben eingearbeitet zu werden. Der Genius, der in einem Volke aufsteht, hat oft die Art des Blitzes. Die oberen Kräfte zünden hinab, ein Augenblick unbegreiflichen Lichtes, ein Donnerrollen, eine harte, zeichenhafte Verdichtung — und dann lange Arbeit der Gedanken und Taten, um, wie es Hölderlins Patmoshymne von Christus sagt, „den Blitz zu e r k l ä r e n". Darum behalten die Völker die großen Männer, die aus ihnen hervorgingen, lange Zeit im Gespräch. Der Tod hebt sie erst in eine zweite höhere Wirksamkeit, in der sie kraftvoll, vielfach sich wandelnd, mit ihrem Volk weiter durch die Geschichte gehen. Wir haben nicht mehr den griechischen Heroenkultus, der dem Helden Tempel, Spiele und einen bestimmten Dienst weihte. Aber betrachtet man, wie etwa Goethe für uns Deutsche schlechthin l e b t, wie er Gut für Gut seinen Reichtum erschließt und unerschöpflich erhellende, oftmals fordernde und bewahrende Worte, Maße und Werte in das Leben der Nation spendet, so daß wir geradezu die wirkende Idee unsres geschöpflichen Daseins aus dem Auge verlören, wenn wir Goethe vergäßen — dann sieht man: Die großen Männer stehen auch für uns noch da, wo für den griechischen Polytheismus die Sphäre der Götter und der Halbgötter begann.

Ein Menschenalter nach Friedrich Nietzsches Tod (1900) ist die Lage so, daß er bedeutsamer als je im Gespräch der Nation steht. Wir verstehen ihn anders und jedenfalls unvergleichlich bestimmter als die Zeitgenossen seines ersten Ruhms. Das macht: die Zeit, die Geschichte, ist mittlerweile zu ihm gekommen und hat ihn auf lange Strecken hinaus bestätigt. Die allgemeine Bewegung des Denkens ist weitgehend in die Bewegung seines Geistes eingeschwungen, seine Wertwelt ist zu geschichtlicher Auswirkung gelangt, seine existenzielle Psychologie ist für die Betrachtung seelischer Befunde weithin maßgebend geworden, sein Kulturbegriff, sein Bildungsbegriff haben sich durchgesetzt, seine politischen Einsichten haben Geschichte gemacht, seine Thronerhebung des Wertes „Leben" zeigt sich überall in das Weltbild der Gegenwart eingearbeitet. Es gibt in neueren Zeiten kaum einen Ansager künftiger Entwicklungen, der von der Geschichte so reich mit buchstäblichen Bestätigungen bedacht worden wäre wie er, der „posthum Geborene". Seine Hauptschriften sind jetzt erst, ein halbes Jahrhundert nach der Entstehung, in ihre eigentliche Gegenwart eingetreten; und wir können nicht leicht den Gedanken fassen, daß sie je veralten würden; denn es scheint uns oft, als hätten sie alle „Zeit", nämlich alle empörerische Kühnheit und Selbstbehauptung des Menschengeistes, vorweggenommen.

Selbst sein Irren, das groß und schrecklich war, bleibt gesetzlich dem Bereich des Wahren zugeordnet. Denn er ging auf den Grund, er machte Ernst; und wer Ernst macht, hilft noch im Irren der Wahrheit. Nur wer spielt, wer sich in seinen geistigen Entscheidungen nicht einsetzt und nicht aussetzt, ist der wirkliche Täuscher und Verderber; denn er spiegelt eine Möglichkeit des Lebens im Trug vor, und das ist die Überlüge, die eigentliche Festmachung des Menschen im Verkehrten.

Das neue Verstehen Nietzsches ist aber nicht allein in den Bestätigungen begründet, die *ihm* die Geschichte gebracht hat. Es beruht entscheidend auch darauf, daß wir selbst den Ernst der Geschichte an uns erfahren haben, daß wir geschichtswirklichere Menschen und dadurch mit den Bedingungen unsres Seins bekannter geworden sind. Nietzsche hat die Deutschen, die er als seine

Zeitgenossen vorfand, öfters mit den Unterweltsschatten Homers verglichen, denen der verwirklichende Trunk Blutes fehlt. Und es liegt für uns, denen dieser Trunk mittlerweile aus manchem Kelch gereicht wurde, etwas Gespenstisches, fast Komisches in der Art, wie Nietzsches Wissen und Verkündigung zunächst auf Menschen traf, die infolge ihrer unerweckten Substanzialität weder mit einem echten Ja noch mit einem echten Nein antworten konnten. Er sprach von Macht in einer Welt, die noch dem Rousseauschen Wahne anhing, daß der Mensch nur aus aller Macht und Bindung entlassen zu werden brauche, um sein natürliches Gutsein zu bewähren. Er richtete sein hintersinniges Wort „Nichts ist wahr, alles ist erlaubt" an Menschen, die mystischen Ausdruck nicht mehr kannten, die unmöglich begreifen konnten, welch sehnliche Aufforderung zur tapferen, t a t h a f t e n Verteidigung von Wahrheit und Gesetz in diesem Worte lag — und welche tiefe Beziehung zu dem Apostelwort: „Das Reich Gottes stehet nicht in Worten, sondern in Kraft"; und welche weitere Beziehung zu Laotses Weisung: „Tut ab die Heiligkeit, tut ab die Weisheit / Und das Volk wird gedeihen hundertfältig / Tut ab die Nächstenliebe, tut ab die Gerechtigkeit / Und das Volk wird heimfinden zu Kindes- und Elternliebe." Denn wahrlich, der Samariter handelte nicht aus der mit einer Ordnungsziffer versehenen Tugend namens Nächstenliebe, sondern aus dem Gehorsam gegen Gott, der ihm den Elenden in diesem Augenblick als seinen Nächsten ans Herz legte.

Mit alledem soll gesagt sein: Von verwirklichtem, von verleibterem Leben her versteht ein neues Geschlecht Nietzsche bestimmter und strenger, wählender und weitherziger, wissender im Dank und wissender in der Verwerfung. War es das Blut der Schlachtfelder, das uns zur Verleibung half? War es der Zusammenbruch von hundert Selbstverständlichkeiten, das Bersten des alten Staates, die grauenhaften Fehlleistungen des wirtschaftlichen Rechengeistes, der Wirklichkeitsverlust im Felde der Wissenschaften, was uns aus der „Etappe" des Lebens in den Frontbereich stieß, wo wir dem Feind ins Weiße des Auges sehen lernten? Waren es die Folgen des erbärmlichsten Friedensvertrags, den die Welt je gesehen hat? Sind wir da des „Feindes" in geschichtlicher Welt ansichtig geworden im selben Augenblick, wo uns auch der Feind in der eigenen Brust deutlich wurde, der freche Empörergeist, der sich aus aller Lebensbindung herausreißt und mit wilden Rechenkünsten die Abdichtung der Menschenwelt gegen das Drüben betreibt — und der in unseren Tagen zum erstenmal geschichtlich deutlich machte, daß diese Abdichtung gegen das Drüben die Zerstörung des Diesseits bewirken muß, die Aushöhlung von Ehe, Staat und Sitte, von Bildung, Vernunft und Wirtschaft, die Entwirklichung der ganzen Menschenwelt? Ist nicht die Erfahrung dieses inneren Feindes das Urbild jeder geschichtlichen Erfahrung? Und wie diese geladen mit dem Wissen, daß in der Tat nur durch Kampf jeweils die Möglichkeiten des Lebens erstritten werden können, innen durch den Kampf gegen den Teufel, außen durch den Kampf im weltgeschichtlichen Feld, der durch Leistung und Waffentat erst feststellt, was ein Volk ist und was ihm gehört?

Ein solchermaßen verwirklichtes, mit seinem eignen Leben und mit dem „Feind" bekanntgewordenes Geschlecht ist es, welches das neue Verstehen Nietzsches trägt. Und vielleicht darf man von diesem Verstehen noch das eine sagen, daß es sich nicht dabei beruhigen kann, durch die Widersprüche in Nietzsches Aussagen und durch das Flimmern ihrer Bedeutungsakzente durchzublicken auf seine „Gestalt", auf die lebendige Einheit seiner Person. Die Gestalteinheit ist *eine* Sache, und die Wahrheit, von der das menschliche Leben lebt, ist eine andre Sache. Nietzsche stellte seine Zeitgenossen vor die schroffe Forderung, daß wir nicht mehr zu fragen hätten: „Was sind *wir* der Wissenschaft?", sondern „Was ist die Wissenschaft *uns*?" So hat eine lebensreichere und um Lebensgefahren belehrtere Menschheit auch vor Nietzsche nicht zu fragen:

„Was sind wir mit unseren Verstehenskünsten dem großen Menschen Nietzsche?“, sondern: „Was ist Nietzsche uns?“ Denn echtes, geschichtswirkliches Leben hat sein Maß, das nicht mit sich handeln läßt. Es hat jenen „rechtschaffenen Hunger“, den Nietzsche an den philologischen „Hadesschatten“ seiner Zeit vermißte, und das ist ein Hunger nach dem Gesetz, das ihm vom Schöpfer gesetzt ist.

Nietzsches Grundfrage

Die eben erwähnte Frage Nietzsches an die Wissenschaft (d. h. in erster Linie an die Philologie und Historie seiner Zeit) steht in der unausgeführten Schrift „Wir Philologen“. Sie stammt aus den Jahren 1874—75, steht also im Zuge der „Unzeitgemäßen Betrachtungen“, in denen Nietzsche zum erstenmal an den Heerschild schlug als Beauftragter einer neuen Zeit. „Wir Philologen“ ist erst aus dem Nachlaß herausgegeben worden, kam also den Zeitgenossen nicht zu Gesicht. Aber wenn ein heutiges Geschlecht nach einer frischen Begegnung mit Nietzsche sucht, um sich neu mit ihm auseinanderzusetzen, so bietet sich kaum ein schönerer Zugang als dieses funkelnde, wahrhaft drangvoll wuchernde Gebilde aus Angriffen und Fragen, Aufrufen und werdenden Erkenntnissen. Voll aller jugendlichen Denkschärfe und schier unbegreiflichen Urteilsschnelle des dreißigjährigen Nietzsche, hängt die Schrift eng zusammen mit der Vortragsreihe „Über die Zukunft unsrer Bildungsanstalten“ und namentlich auch mit der Unzeitgemäßen „Vom Nutzen und Nachteil der Historie für das Leben“. Ein schmächtiges Fachproblem scheint es zu sein, von dem der Verfasser, selbst ein Wunder an philologischer Begabung, hier ausgeht: das Stutzen vor dem Werden des durchschnittlichen Philologen und vor seinem Beruf als Jugenderzieher. Aber dieses

Stutzen bringt nur den ersten Einbruch in einen Fragenkomplex, der sich sofort als außerordentlich umfassend erweist. Wohin der Einbrechende, das Zeichen des Genius an der Stirn, den Blick richtet, schießen Fragen auf, die nach der Spielregel des Faches gar nicht gestellt werden dürfen: Wissen wir überhaupt, wer Griechen und Römer waren? Beruht unser Begriff vom klasischen Altertum nicht auf ungeheurer, wenn auch lange gepflegter Verkennung? Ist die philologische Beschäftigung mit dem Altertum nicht schon von Hause aus etwas Verdächtiges, eine Flucht aus der Wirklichkeit? Hängt nicht jede Kultur so unlöslich in sich zusammen, ist sie nicht so unteilbar und damit so unübertragbar, daß die philologische Anbiederung an das Altertum, der philologische Glaube an dessen erzieherische Nutzbarkeit von vornherein als kläglicher Dilettantismus gebrandmarkt ist? Müssen wir nicht anerkennen, daß die Nachahmung des Altertums „ein endlich widerlegtes Prinzip" ist? Muß eine Philologie, welche wirklich etwas von den Voraussetzungen der antiken Kultur erkannt hat, diese nicht als unwiederbringlich verloren beschreiben? Und somit sich selbst überflüssig machen? Fordert die Einsicht in die Eigengesetzlichkeit und Eigenbedingtheit der Antike nicht völlige Durchstoßung der philologisch-historischen Sphäre, mit dem Ziel: *Unser* Leben, *unsre* Verwirklichung, und durchgängig *schaffendes* Verhalten aus unsrem Lebensgesetz?

Hier greifen wir Nietzsche im Entstehen, nämlich in seiner Bedrängtheit von der Grundfrage nach dem Lebendigen, in der Beschwingung und „Störung" seines Denkens durch die Kategorie des Seins. Wie oft ist diese Frage gestellt worden im Angesicht der mächtigen antiken Reste und Zeugnisse, die ins Leben des Abendlandes hereinragen! Wie viele verschiedene Antworten hat sie gefunden! Auch Nietzsche hat sie nicht „gelöst" — aber sie half an vornehmster Stelle, das Geheimnis ans Licht zu treiben, das mit ihm geboren war: die plötzlich *veränderte Stellung zum Wissen und zum Bewußtsein*, die fertig, wie

Athene aus dem Haupte des Vaters, hervortritt mit dem Erblicken der Kluft, welche antikes Sein und modernes Sein scheidet. Die philologische Spielregel, nämlich die arglose Selbstverständlichkeit und Vertraulichkeit im philologischen Umgang mit dem Altertum, als hätten wir das, von dem wir wissen, ist plötzlich durchbrochen. Nietzsche weiß mit einem Male: Nichts kann der haben, der nichts ist! Nichts kann der verstehen, der nichts ist! Es belädt sich damit die Frage, wie wir uns zu dem Bild und Erbe des Altertums verhalten sollen, mit einem neuen, einem existenziellen Ernst; mit jenem Ernst, der vor ihm nur in Hölderlins schwerbefrachteten Aussagen bekundet ist:

Nicht sie, die Seligen, die erschienen sind,
Die Götterbilder in dem alten Lande,
Sie darf ich ja nicht rufen mehr . . .
Und rückwärts soll die Seele mir nicht fliehn
Zu euch, Vergangene, die zu lieb mir sind.
Denn euer schönes Angesicht zu sehn,
Als wär's wie sonst, ich fürcht' es, tödlich ist's
Und kaum erlaubt, Gestorbene zu wecken.

(„Germanien".)

So wird auch von Nietzsche „der Tod der alten Kultur" als unvermeidlich erkannt und diese Erkenntnis auf die Spitze getrieben: „Mein Ziel ist: volle Feindschaft zwischen unserer jetzigen ‚Kultur' und dem Altertum zu erzeugen. Wer der ersten dienen will, muß das letztere hassen."

Das in der Tiefe Treibende dieser Erkenntnis ist Nietzsches neues Wissen um das Wissen, die scharfe Besinnung auf die menschliche Wirklichkeit, die ihm nicht mehr mit den Geistes- und Bildungsinhalten zusammenfällt. Es wiederholt sich in Nietzsche jener Wirklichkeitshunger, jene Frage nach dem letzthin Realen und Stichhaltigen, die in ähnlichem Sinne schon einmal, beim Zusammenbruch des Hegelschen Idealismus, gestellt worden war. Die damalige Antwort auf diese Frage war die positivistische Verdrängung der Spekulation gewesen, die Thronerhebung des naturwissenschaftlichen, des materialistischen Wirklichkeitsbegriffs (wobei die gänzlich anderslautende Antwort Kierkegaards auf dieselbe Frage unverstanden beiseite geschoben wurde). Das mag uns verständlich machen, daß auch Nietzsche eine Zeitlang, beim polemischen Ausbau seiner neuen Welt, die Sprache des Positivisten und des Freigeistes gesprochen hat. Aber seine Frage nach der Wirklichkeit des Menschen hat von Anfang an einen Tiefgang, einen Löwendrang, der dem Positivismus gänzlich ferne lag. Keine Generationswende kündigt sich in Nietzsches neuem Lebensbegriff an, keiner der vielen Durchbrüche zur „Natur", deren sich Rousseauismus und Sturm und Drang, Aufklärung und Klassizismus, Romantik und Positivismus gerühmt hatten. Sondern es geschieht ein Jahrtausendschritt. Das Problem der menschlichen Wirklichkeit wird auf den Grund hinabgetrieben. Es geht nicht mehr, wie nach 1830, um den Gegensatz zwischen spekulativem und naturwissenschaftlichem Denken, sondern das Denken selbst ist in seiner lebenfassenden Bedeutung fragwürdig geworden. Es geht um den Gegensatz zwischen Geist und Vitalwerten, es geht um die Geltendmachung des Lebens gegen die Auswucherung des Bewußtseins. Der erste Name, mit dem Nietzsche seinen großen „Feind" benennt, lautet: Der theoretische Mensch. Er spürt ihm nach von der ersten Stunde an, da er in geistiges Leben eintritt. Er hat die Witterung von diesem Feind in den Sinnen, sobald er überhaupt zu denken beginnt. Und so zieht er ihn schon in der „Geburt der Tragödie" aus seinem prunkvollen Versteck: Sokrates, den Vernichter des Mythus, den verhängnisvollen „Wirbel und Wendepunkt der sogenannten Weltgeschichte", den Stifter des erhabenen Wahngedankens, daß Leben durch Wissen und Denken zu fassen sei — Sokrates, den theoretischen Menschen. „Ecce Homo" erläutert später dazu: „Sokrates als Werkzeug der griechischen Auflösung, als typischer Dekadent zum ersten Male erkannt", Sokrates entlarvt als Sprecher des „entartenden Instinktes, der sich gegen das Leben mit unterirdischer Rachsucht wendet".

Kulturzerfall

Was ist es, das sich hier einem Menschen ins Bewußtsein und auf die Lippen drängt? Die „Geburt der Tragödie" und die „Unzeitgemäßen" gestehen es an vielen Stellen ein: es ist die Erfahrung vom Ausbluten und Versanden des Lebens einer ganzen Zeit. Es geht viel vor in dieser Zeit. Bismarcks Reich baut sich auf, die Gründerjahre überschwemmen das Land mit Unternehmungen, die unterm französischen Milliardensegen wie Pilze aus dem Boden schießen, die Wissenschaft hat große Namen, der Handel und die Landwirtschaft erleben eine Hochblüte, die Maurer veredeln ihren morgendlichen Biertrunk mit Sekt, die Häuser der Reichen starren von Karyatiden, Erkern und Arkaden, auf den Dächern wirft sich ein Gefüge von Türmen, Türmchen, Übertürmchen, von Giebeln, Giebelchen und spitzbekrönten Mansardenfenstern übereinander und bildet den bekannten „Eisenbahnunfall"; und innen tobt die Schreinerrenaissance mit ihrem falschen Prunk, mit ihren aus Vorlagenbüchern abgelesenen „historischen" Formen, nicht ohne sich gelegentlich in maurischen oder chinesischen Kabinetten, in geschminkt lächelnden Rokokozimmern und beinahe ganz echten Bauernstuben zu erholen. Vieles begibt sich, und ganz gewiß auch viel treue Arbeit, die ja immer, *hinter* der Weltgeschichte gleichsam, da ist und dem „Zeitgeist" sein Toben und sein Irren erst ermöglicht.

Aber unter der Schmink- und Dekorationsschicht, unter der Schicht von Betrieb und Lärm, da, wo das Leben insgeheim um seine wirkliche Lage und um seinen Vorrat an Freude und Kraft weiß, herrschen Verzweiflung und die aussichtslose Gewißheit der Auflösung. Wir älteren haben noch die Ausläufer dieser Stimmungen miterlebt, wie sie sich spiegelten in jenem Ausdruck, der niemals wahrhaft „lügt“: im Ausdruck der Kunst und des philosophischen Denkens. Geist und Leben reißen sich in Schopenhauer gnostisch voneinander, Lebensverneinung wird zur höchsten Tat. In Strindberg stellt sich das bewußte Ich voll Trotz gegen die „Mächte“ und kämpft in der selbstgewählten Lage der Abspaltung vom Leben einen aussichtslosen, „heroischen“ Kampf, dem Europa mit Mischgefühlen des Grausens und der Lüsternheit zusieht. Baudelaire, zwar schon 1867 gestorben, wirkt noch nach, nicht nur als der große Dichter der „Fleurs du Mal“, sondern wesentlich auch als der Träger des Dandy-Ideals und düsterer Haßgefühle gegen Leben und Natur. Sprechender noch als die großen Einzelerscheinungen treten die von der Zeit bevorzugten Typen vors Auge: neben dem eben genannten Dandy der Aesthet und der Bohémien, die Literaten, die sich selbst als Epigonen, als Décadents und Symbolisten bezeichnen und sich durchaus als müde Spätlinge einer alexandrinisch gewordenen Kultur fühlen, angesiedelt mitten im Zerfall, dem sie nur noch die Reize der Verwesung abkosten; ausgehungerte „letzte Menschen“, dünn und punkthaft in den spitzen Augenblick gestellt als Wesen ohne Verbindung nach rückwärts und vorwärts; wie es Baudelaire in einer von Nietzsche angeführten Stelle schildert: „Des Vergangenen so viel als möglich vergessend, zufrieden mit der Gegenwart und verzichtend auf die Zukunft, trunken von Kaltblütigkeit und Dandysmus, stolz darauf, nicht so niedrig zu sein wie die Vorübergehenden, und versunken in den Anblick des Rauchs ihrer Zigarre.“ Individualismus heißt ein Schlagwort dieser Zeit, l'art pour l'art ein andres; beides Zeichen für aufgehobene Lebensverbindungen des Ichs und des Geistes. Im gesamten geistig-politisch-sozialen Feld herrscht fast unbeschränkt die Ideologie der „Freiheit“, wie um eilends alles zu vergeuden, was noch mit

Bindung, Autorität, Erde zu tun hat. Dagegen erheben sich wohl Kräfte des Festhaltens, aber sie stehen überall in falscher, schwacher, subalterner Form. Denn wo das Verderben einmal ist, da zeigt es sich nicht nur bei denen, die an der Zerstörung arbeiten, sondern auch bei denen, die sich der Zerstörung entgegenstellen. Im Festhalten kommt die Fehlleistung der Zeit ebenso zum Ausdruck wie im Unterwühlen. Der geschichtliche Augenblick des Zerfalls verteilt Recht und Unrecht mit einer ironischen Unparteilichkeit auf die revolutionäre und auf die konservative Seite. Selbst im religiösen Bereich — da also, wo man ein festes Wissen vom Rettenden hat — zeigen sich die Kräfte der Verfälschung wirksam. Nietzsches Zeit sieht im religiösen Bereich eine rein defensive, moralistisch verfahrene Gläubigkeit, die ebenso in der „Etappe" lebt wie die weltlichen Geisteskräfte. Sie weiß, angesehen auf Geist und Genius, nichts mehr von jener Glaubensgewalt, welche die Welt überwindet, denn sie läßt sich mit der „Welt" überhaupt nicht mehr oder auf völlig verkehrte Weise ein. Sie bietet auf weite Strecken das Bild einer weltlos gewordenen Religion und entspricht damit verhängnisvoll genau einer „Welt", die ihrerseits die Beziehung zum Droben und Drüben vergessen hat. Wie erschütternd muß uns Nietzsches Frage (um 1880) heute noch anreden, ob jemand gegenüber der nihilistischen Woge, die Europa bedrohe, im Ernst an die abgeblaßten, ermüdeten Religionen zu appellieren wage? Kein Zweifel, daß er, im Anblick des *damaligen* Mobilisierungsstandes des Christentums, die Frage mit seinem Nein beantworten mußte.

Denn — um dazu einiges Allgemeine zu sagen — obwohl in Christus die Fülle der Wahrheit erschienen ist, bleibt doch der Christ und das christliche Bewußtsein genau wie alle in die Geschichte und in die Schicksale des Geistes verschlungen. Das christliche Bewußtsein — worunter das zu verstehen ist, was die einzelnen Zeiten jeweils von Christi Wahrheit zu fassen bekommen — hat keine Gewähr, daß es jedesmal den geschichtlichen Augenblick in die rechte Beziehung zur Wahrheit setzen könne. Weit gefehlt! Das christliche Bewußtsein geht durch die Geschichte zeitenlang oft nicht anders, als wie Christus selbst unter der Kreuzlast den Weg nach Golgatha geht. Die Wortführer des Augenblicks stehen am Weg und rufen ihm zu: Hilf doch! Hilf dir selbst und uns allen! Aber es kann auf diese Rede oft nichts andres tun als stumm die anvertraute Sendung weitertragen, im eignen Herzen noch angefeindet von dem Zweifel: Mein Gott, warum hast du mich verlassen? — und dennoch der Last treubleiben, damit am gewiesenen und gesetzten Tage das Rettende eine Gegenwart habe vor den Augen der Gefährdeten. Wahrlich, Weltgeschichte ist dem Christen kein Spiel. Wie oft ist denen, die höhnend am Weg stehen, ein Stück Wirklichkeit anvertraut, das er noch nicht in sein Wissen von der Wahrheit einarbeiten kann! Und nicht der Hohn, sondern dieses verflogene, freigesetzte Stück Wirklichkeit wird ihm zur Qual, da er sich doch auf das liebende Umfassen alles Wirklichen verpflichtet weiß, damit nichts von diesem heimatlos umherschweife und alles Leben sich so zur Gotteswelt bilde, wie es in der Schöpfung gewiesen ist.

Das alles heißt, auf Nietzsches Zeit bezogen, daß in ihr das christliche Bewußtsein ebenso aus der Situation herausgedrängt war wie die weltlichen Geistesmächte. Überall verschlossene Augen, erloschene Begriffe, mittelbares Leben; Raum zwar für allerlei bürgerliche Tüchtigkeit, für viel Gelehrtenfleiß, für kaufmännisches und industrielles Ausgreifen, aber in den Grundregionen die große Oede, das Unfruchtbare, die Vertrocknung.

Verkünder und Wegebahner

Nietzsche war der einzige, der das erkannte. Nicht, als ob die Gefahr selbst nicht auch anderen vor Augen gestanden habe! Aber was er allein begriff, war, daß diesmal keiner der bisher so oft erschlossenen Auswege mehr gegeben sei, daß ohne ein grundsätzliches Umdenken keine Zukunft zu gewinnen sei. Und was er allein leistete, war der weithinhallende Aufruf in apokalyptischer Sprache, der das Leiden und das geforderte Umdenken klar benannte. Nietzsche erkannte schon anfangs der siebziger Jahre das, was uns andern erst mit der Kulturkrise seit Mitte der zwanziger Jahre deutlich wurde. Die von uns erlebte Wissenschaftskrise, die Krise des Staates, der Kunst, des Geistes, der Erziehung, der Bildung — all das stand mit deutlichen Umrissen vor seinem hellseherischen Blick, hat sich genau so aktualisiert, wie er es geschaut hatte. Was er den heraufziehenden Nihilismus nannte, ist als durchgängiger Wertzweifel, als Relativismus, als Kunstzersetzung, als Bolschewismus, als Bankerott aller Autorität unter uns wirklich geworden. Wirklich geworden ist auch das, was er als Grundzug der rettenden Wendung angab: ein neues Geltendwerden der „Natur", des Wertes „Leben" in seiner Eigengesetzlichkeit und Eigenwürde samt allem, was an Folgerungen und Zusammenhängen unabsehbar damit einherkommt.

Ein Riesenbewußtsein, eine Überschau ohnegleichen würde dazu gehören, um dieses Geschehen auch nur in seinen Grundzügen zu beschreiben. Es wirkt sich in den zwei Menschenaltern seit Nietzsche auf allen Lebensgebieten gleichsinnig aus, aber seine positiven und seine negativen Bekundungen wirren sich an vielen Stellen untereinander, und häufig ist es zudem verdunkelt durch gefühlsbetonte Wertungen, wie sie die kämpfenden Geschehensträger immer ins Feld führen müssen. Nietzsche ist schon mit der „unterirdischen Rachsucht", die er dem sokratischen Menschen zuschreibt, ein Beispiel für den politisch-historischen Affekt, der die große Wendung unausbleiblich begleitet. Aber vor jeder ehrlichen Zusammenschau zeichnet sich doch der gemeinsame, schaffende „Gedanke" ab, der den einzelnen Schritten und Griffen der mit Nietzsche heraufkommenden Wendung zugrunde liegt. Die Eigenbedeutung des Wertes „Leben" will sich auf neue Weise geltendmachen. Das Geschöpfliche will sich im Gesamtbereich europäischer Kultur mit neuer Kühnheit darstellen. Die natürliche Wirklichkeit fordert plötzlich von den Männern der Wissenschaft, des Staates, der Wirtschaft eine denkerische und praktische Beachtung, die mit dieser Dringlichkeit noch nie einherkam. Es war, als sei an diese Forderung plötzlich die Todesdrohung gehängt worden. Wenn in religiöser Sprache — die allein das Eigentliche der großen geschichtlichen Wendung zu benennen vermag — von diesem Geschehen gesprochen werden soll, so ist zu sagen: Die Tatsache, daß die Geschöpfe vom Schöpfer mit Ernst in das ihnen gehörige Dasein *entlassen* sind, daß die Besonderung und Eigenständigkeit ihres Seins kein Spiel und Als-Ob ist, sondern stiftende Grundlage und Weise ihres Existierens, so daß sie zum Schöpfer ein wahres Gegenüber haben, das keineswegs an sich „Abfall" ist, sondern liebende Mitgift aus paradiesischen Entstehungstagen — diese Tatsache erhält in den letzten Jahrzehnten ein geistesgeschichtliches Gewicht, das wir nicht ohne weiteres mit Bekanntem vergleichen können. Und für viele Einzelbewirkungen dieser Wendung bleibt Nietzsche auf Zeiten hinaus als der erste Wortführer und Wegebahner stehen.

Wir versuchen einige Strecken dieses Geschehens abzuleuchten.

Da ist Nietzsches Psychologie. Ihre Betonung der Kategorie des Seins gegenüber der des Bewußtseins — das Erlebnis dieses Gegenüber war es allein, das ihn zum Psychologen gemacht hat —

konnte die Seelenforschung um ein Element bereichern, das wir nicht mehr fortzudenken vermögen. Gewiß hat Nietzsche damit auch der zerstörenden Entlarvungspsychologie die schärfsten Waffen geschmiedet, und er ist selbst auf lange Strecken der reine Entlarver geblieben, der Zaungast am Rande des Spielfeldes. Aber hoch über diesem Einwand steht das bleibende Ergebnis, daß nach Nietzsche kein seelischer Befund als vollständig gelten kann, in den nicht das dramatische Mit- und Gegeneinander von Sein und Bewußtsein eingearbeitet ist. Und so auch alles Verstehen der Geschichte, der Kultur, des Menschen, den er in seinen leiblich-geistigen Zusammenhängen völlig neu erblickt hat. Vieles vom modernen Ganzheitsdenken nimmt von ihm seinen Ursprung, da Ganzheit, Ungebrochenheit und Dichte des Seins überall die Hauptwerte sind, für die er wirbt. Strahlend hat er die Pracht des in sich festen und geschlossenen Lebens errichtet, hat das Recht zum schöpferischen Befehlen neu begründet und überhaupt die Sphäre des geschichtlichen Handelns, der politischen Tat neu gesichert. Seit Nietzsche steht der menschliche Einsatz im Handeln und Denken neu beleuchtet uns vor Augen, die Wahrheitsfindung durch Wagnis und Darangabe des ganzen Seins, die allein gewährleistet, daß wir auf die uns gehörige Wahrheit und auf das uns bestimmte Schicksal treffen; wobei man an Hölderlins raunenden Ausspruch in den Anmerkungen zur „Antigone" denken kann, daß im Gegensatz zu den Griechen unsre Haupttendenz sei, „etwas treffen zu können, Geschick zu haben, da das Schicksallose, das Dysmoron, unsere Schwäche ist". Was Nietzsche in diesem Felde erregt hat, hat sich keineswegs bloß in den Büchern der modernen Existenzphilosophie ausgewirkt; es ist Element unsrer Lebensethik, unsrer praktischen Selbsthandhabung geworden, auch in Bereichen, wo durchaus keine „Verzweiflung am Geiste" herrschte.

Es ist bekannt, wie tief Nietzsche gerade damit den Deutschen angeredet hat. Mußte er ihn sonst vielfach schief und verkleinernd betrachten, so hat er mit dem Aufruf zum Erwandern der Wahrheit, mit dem Aufruf zum versucherischen Leben, das durch rückhaltlosen Selbsteinsatz Leib an Leib mit dem „Engel" ringt und die Wahrheit herauszwingt, eines der tiefsten Worte aus deutscher Seele gesagt. Gefährlich leben, heroisch leben nannte er das gelegentlich; freilich nicht ohne bei andrer Gelegenheit zu betonen, daß er selbst nie heroisch, sondern aus der Gunst und Begnadung seiner eignen Natur gelebt habe. Aber die Sache selbst, das Erzwingen der Wahrheit durch die „scharfe Befragung", die im Daranwagen des eignen ganzen Seins erfolgt, steht in tiefer Beziehung zu den Gegebenheiten des deutschen Wesens. Vielleicht sogar in einer Beziehung, die Nietzsche selbst nicht bis auf den Grund durchschaut hat. Im Sein der r ö m i s c h geformten Völker ist der Geist gleichsam kristallinisch und mit relativer Selbständigkeit zugegen, so daß die scharfe begriffliche Arbeit in Erkenntnis und Lebensgestaltung den Hauptton hat. Damit erlangt das Gedachte und Formulierte, die Unterschrift und die Institution, das aus dem Leben „Abgezogene" (Abstrahierte), die „Heiligkeit der Verträge" und die Heilsanstalt Kirche, das „fiat justitia, pereat mundus", das „quod non est in actis, non est in mundo" die für unsern Geschmack befremdliche Sondergeltung. Das d e u t s c h e S e i n ist dagegen von Hause aus auf eine Freundschaft zwischen Geist und Natur angelegt, auf ein Vertrauen zur Schöpfung. Es kennt den Geist nicht als die herrisch abgesonderte Erfassungs- und Befehlsstelle, es kennt ihn in seiner hausväterlichen, liebenden Zuordnung zu allem, was Natur und Schicksal ist. Diese Zuordnung, nicht die schroffe Absetzung hat im deutschen Sein den Hauptton, und damit das Vertrauen zur Welt als ein Vertrauen zu der in die Schöpfung ausgespendeten Wahrheit, so daß nach deutscher Grundauffassung derjenige, der im Vertrauen auf den Schöpfer sein bestimmtes geschichtliches Leben zu leben wagt, der in der Schöpfung geborgenen Wahrheit begegnen muß. Totales und treues Leben ist fündig für die Wahrheit — das gehört zu dem Gesetz, wonach der deutsche Mensch angetreten ist und das ihn so besonders sichtig gemacht hat für die Gestalten der Wanderer, seien dies nun der Verlorene Sohn des Neuen Testaments oder der keltische Parsifal oder der griechische Oedipus, der geblendete u n d der von Kolonos. Man hat diese Wanderergestalten nur dann auf deutsche Weise begriffen, wenn man gesehen hat, daß in ihnen allen das aus Eigenmacht oder aus Götter- und Sternendrang auswandernde Leben seine große W e n d e erwandert, sein Ragnarök, und daß es sich nur deshalb auf die Wanderschaft begibt, um die unersetzbare Erfahrung der Wende — welche die Heimkehr ist — zu machen. Geist u n d Vitalmächte ins Spiel zu bringen im Vertrauen auf die Treue des Schöpfers, der nicht lügt und täuscht, wie es die alten Götter tun müssen, das ist auf der n a ch römischen und menschengeschichtlich fortgeschrittenen Seinsstufe des deutschen Wesens die große neue Möglichkeit und Notwendigkeit.

Wir sind weiterhin auf den Bahnen Nietzsche'scher Gesichte und Denkwendungen, wenn wir das existenzielle und das phänomenologische Denken der Gegenwart ins Auge fassen, auch die Entdeckung des Unbewußten als einer wichtigen Seinsstrecke im Menschen, die charakterologische und physiognomische Forschung, überhaupt das ganze neue Gestalt-Erblicken, das sich ein Lebendiges nicht aus begrifflich erfaßten Einzelbestandteilen konstruiert, sondern vor allem eine Anschauung seiner wachstümlichen Ganzheit und Einzigkeit zugrunde legt. Das hier waltende Grundgefühl prägt sich schon, mit richtiger Kontrastierung, in Diltheys Wort aus: „Die ganze Entwicklung vom siebzehnten bis zum neunzehnten Jahrhundert ist in zunehmendem Grade von dem Begriff des Naturgesetzes beherrscht. Sie löst von ihm aus jede historische Gestalt auf, denn diese ist von diesem Begriff aus unverständlich. Sie zersetzt die Wertbestimmungen der Person, denn diese ist mehr als das Naturgesetz." Es gehört weiter hierher das plötzliche Aufmerken verschiedener Fachwissenschaften auf die „Nachtseiten" ihrer Objekte, auf dunkle Gründe ihres Seins oder Werdens, die bis dahin übersehen oder als untragbar wegretuschiert wurden, weil die geistige Bewältigungskraft, der Sinn für die „Weise des Lebens" noch unentwickelt war.

Kurz: Nietzsches Denken zeigt sich mit den meisten geistigen Wendungen und Neuerwerbungen verbunden, welche das heutige Weltbild bestimmen.

Geist im Abseits

Wer war der Mann, der in dieser Weise über seine Zeit hinaus zu denken vermochte? Wir haben oben von dem schrecklichen Irren gesprochen, das mit ihm einherkam. Wie und wo ist für dieses Irren Raum innerhalb eines Gesamtwerkes, dem so viele fruchtbare und lebensrichtige Antriebe entsprangen? Sein Schicksal war ein hingedehnter Untergang im Wahnsinn; in seinen Briefen malt sich ein Leben, das gewiß zu den schrecklichsten gehört, welche je gelebt wurden. Woher kam das überschwängliche Ja dieses Menschen zum „Leben"? Was bedeutete dieses Ja? Wie ist es in sein Denken und Wesen eingebaut?

Wir wollen, um zu einer Antwort auf diese und manche andren Fragen zu gelangen, vom eindrucksvollsten Punkte der Nietzscheschen Wirkung ausgehen: von seiner neuen Verkündung der Vitalwerte. Nietzsche steht im Bewußtsein der Nation und der ganzen Kulturwelt vor allem als der mächtigste Zeuge für eine neue Würdigung von Natur und Leben. Und hier kommt nun vieles darauf an, daß alsbald begriffen werde:

Nietzsche ist zum Verkünder einer neuen Naturwürdigung geworden n i c h t aus Fülle ursprünglicher Naturgewißheit, sondern gerade weil er den Verlust der Natur- und Weltbeziehung in lebenbedrohender Schärfe in sich erfahren hat. Nicht als ein vorbildlich Gesunder hat er die erkrankte Zeit ringsum zum Rechten gerufen, sondern als ein vorbildlich Erkrankter und Naturenterbter hat er den lauernden Tod in der Zeitkonstitution erblickt.

Man hat je und je auf die grellen Widersprüche zwischen Nietzsches persönlichem Sein und seinen sogenannten „Forderungen" oder „Idealen" hingewiesen. Daß er ein zarter und kein robuster Mensch war, ein körperlich Leidender und kein Naturbursche, von Witterung, Klima, Nahrung, Umwelt bis zur Knechtschaft abhängig, durchweg asketisch in allem Leiblichen und keineswegs genußstark — das sind zunächst vordergründige Feststellungen, die sich noch nicht als „Einwände" verwenden lassen. Sie können ihr Gewicht erst sehr viel später empfangen, nämlich da, wo die genannten Erscheinungen ihren psychogenen Ursprung enthüllen, wo sie deutlich werden als Folgen einer Schiefheilung des abgefallenen Geistes. Dazu ist aber vor allem nötig, daß dieser „Abfall" gesehen werde oder, um rein psychologisch zu reden, daß das furchtbare und sehr frühe Abseits des Geistes gesehen werde, das sich in Nietzsches Konstitution von Anfang an abzeichnet. Das Wissen um alles, was Weltschmerz ist, sei es in der Prägung der Griechen, sei es in denen eines Leopardi, Byron, Schopenhauer, Baudelaire, bringt er als Ausgangslage schon mit. Mit 13 Jahren, sagt „Ecce Homo", war er für Byrons „Manfred" reif. Was sich im Zeitleben um ihn als langsamer Vertrocknungsvorgang vollzog, wurde ihm schon in späterer Kinderzeit fühlbar als lebensgefährliche Beraubung. Und während die Zeit die wachsende Verödung ihres Lebens kaninchenhaft geduldig ertrug, noch vergnügt über manches kleine Bildungsglück, rang er schon über der täglichen Arbeit nach Atemluft. Die Zeichen des naturlosen, des naturenterbten Bewußtseins stehen an seiner Stirn, als er in die Arena der Kämpfe tritt, die Zeichen der gespaltenen Persönlichkeit, in welcher das Denken nichts von Welt und Wirklichkeit zu fassen vermag.

Nietzsche beginnt mit der schroffsten Verwirklichung der idealistischen Situation oder vielmehr der idealistischen Versuchung. Von großer Bedeutung, nicht nur für seine Ausgangslage, sondern auch für bleibende Denkhaltungen bei ihm, ist die unvollendete Schrift des 29jährigen: „Über Wahrheit und Lüge im außermoralischen Sinne" (1873). Da zeigt sich die Schopenhauer-Krankheit breit ausgewirkt, und lieber noch möchte man von einer Schopenhauer-Vergiftung reden. Es ist eine Wiederholung und Überbietung der Schopenhauerischen Erkenntniskritik, mit stärkeren, farbigeren Mitteln, nach neuen Seiten vorgetrieben. Der radikale Perspektivismus des Frankfurter Philosophen tut sich auf, der weder ein Draußen der erblickten Welt noch ein Welt-Drinnen des blickenden Ichs bestehen ließ, der jede menschliche Situation aufhob, alle Seinsgewähr und metaphysische Rückendeckung der Persönlichkeit zerstörte und nichts übrigließ als den kreisenden Schwindel nebst einer Anweisung, ihm durch Zerbrechung des Lebenswillens zu entrinnen. In Nietzsches Schrift stellt sich die unaufhebbare Gefangenschaft des menschlichen Geistes in einem Netz von Täuschungen, Phantasien, Relationen dar, die nirgends an Wirkliches rühren, und innerhalb dieser Truggebilde gibt es eine Lebensmöglichkeit nur dadurch, daß der Mensch das Erschlichene, Ertäuschte, Erschwindelte derselben jeweils vergißt. Schon die Begriffe — was sind sie andres als selbsterzeugte Täuschungen, da sie durchgängig auf einem „Gleichsetzen des Nichtgleichen" beruhen? „Das Übersehen des Individuellen und Wirklichen gibt uns den Begriff, wie es uns auch die Form gibt, wohingegen die Natur keine Formen und Begriffe, also auch keine Gattungen kennt, sondern nur ein für uns unzugängliches und undefinierbares X." Was kann für diesen extremen Nominalismus die Wahrheit sein? Nietzsche antwortet: „Ein bewegliches Heer von Metaphern, Metonymien, Anthropomorphismen, kurz eine Summe von menschlichen Relationen, die . . . nach langem Gebrauch einem Volke fest, kanonisch und verbindlich dünken:

die Wahrheiten sind Illusionen, von denen man vergessen hat, daß sie welche sind."

Der Menschengeist neben der Welt, ein Denken, das „von Natur" verhindert ist, an Natur und Wirklichkeit heranzukommen — das ist die Lage, die sich hier abzeichnet. Und schon in dieser nihilistischen Frühschrift Nietzsches zeigt sich die Bahn, auf der es für ihn weitergehen muß: die Vernunft zertrümmert ihre ganze eigene Welt mit dem Ziel, den Hechtsprung aus dem wahrheitsuchenden Denken in das schöpferische Verhalten vorzubereiten. Die Aufeinanderfolge von Zerstörung und Schaffen ist der immer wiederholte Grundschritt Nietzsches, und zwar handelt es sich dabei stets um die Zerstörung des Wirklichen und um das Schaffen des Nichtwirklichen, einer Gegenwelt und eines Gegenmenschen. Das Wirkliche wird dadurch zerstört, daß die Ergreifbarkeit der Wahrheit durch das Denken geleugnet wird; das muß Nietzsche überall tun, weil er von vornherein eine tiefe und unheilbare Beziehungslosigkeit seines Geistes zum Wirklichen mitbringt. Das Schöpferischwerden der radikalen Leere, die Ausnutzung des „Nichts ist wahr" zu einem großartigen „Alles ist erlaubt" steht klar schon in Nietzsches ersten Äußerungen. Denn selbstverständlich hat Nietzsche dieses „Alles ist erlaubt" ausschließlich gesagt in dem Sinne: Das Feld ist frei zu jeder mutigen Tat, abgeräumt sind alle Wahrheiten, die den Menschen binden und gängeln wollen, nun stifte er, nun erzeuge er seine Wahrheiten und lebe mit ihnen ein endlich unverkürztes Leben: „Endlich erscheint uns der Horizont wieder frei, gesetzt selbst, daß er nicht hell ist: endlich dürfen unsere Schiffe wieder auslaufen, jedes Wagnis der Erkennenden ist wieder erlaubt, das Meer, unser Meer liegt wieder offen da, vielleicht gab es noch niemals ein so offenes Meer." Nochmals: nicht Spätergebnis einer entfesselten oder gar krankhaften Schlußentwicklung ist die Umwertung aller Werte und die Aufrichtung neuer Tafeln, sondern sie sind das Allerfrüheste und Angelegteste bei Nietzsche. Trotz aller Umbrüche und Widersprüche, die man in seinen verschiedenen „Perioden" finden mag, gibt es eine straffe Geradlinigkeit in seiner Selbstentfaltung. Kommt das Wort „Gott ist tot" auch erst spät, so steckt es als Kern doch in jedem Satze der Frühschriften; und übernimmt die Losung „Zucht und Züchtung" auch erst im vierten Abschnitt des „Willens zur Macht" die Führung, so hat doch schon das vielgebrauchte Frühwort „Erziehung" genau den schweren Ton, das luziferische Feuer: Übergang von dem als schimärisch entlarvten Erkenntnisstreben zum praktischen Bilden, Erziehen aus Verzweiflung am Denken und Wissen — im selben Sinne, wie das bildende Tun überhaupt, gipfelnd in der Kunst, für Nietzsche die einzigartige, religiöse Bedeutung trägt seit der ersten Stunde, da er geistig lebt. Nietzsches „ewiger" Übergang ins Praktische vollendet sich in dem Gewicht, das schließlich für sein Bewußtsein die Ernährungsfragen und andre Dinge dieser Reihe bekommen. Viele Erdenker von Gegenwelten, viele Erzieher von Gegenmenschen und Übermenschen, viele Gnostiker und Mystiker weisen diese Entwicklung auf. Sie ist wohlbegründet im Verlust der Beziehung zum persönlichen Gott, weil durch diesen Verlust der geistig tiefe Mensch den magischen Gewalten der Stoffwelt — die eine Wirklichkeit sind — wehrlos ausgeliefert und in seinem leiblichen Sein labil wird. Das Freiwerden von Gott zwingt den geistig tiefen Menschen zu einem äußerst bedachten, vorsichtigen Verkehr mit der Materie, die ihm, dem Entmächtigten, ihre Wichtigkeit von ganz neuer, ernster Seite zeigt. Späte Verbote, späte Unfreiheiten wachsen dem von Gott Befreiten auf und zeigen klar ihren Zusammenhang mit dem frühen Lebensabseits des Bewußtseins, von dem wir gesprochen haben.

Auf andre Weise stellt Nietzsche die für ihn konstitutionelle Beziehungslosigkeit zwischen Denken und Leben dar in dem hinterlassenen Material zu „Wir Philologen". Er schreibt da (Nr. 181): „Ich will einmal sagen, was ich alles nicht mehr glaube — auch was ich glaube. In dem großen Strudel von Kräften steht der Mensch und bildet sich ein, jener Strudel sei vernünftig und habe einen vernünftigen Zweck: Irrtum! Das einzig Vernünftige, was wir kennen, ist das bißchen Vernunft des Menschen: er muß es sehr anstrengen, und es läuft immer zu seinem Verderben aus, wenn er sich etwa „der Vorsehung" überlassen wollte. — Das einzige Glück liegt in der Vernunft, die ganze übrige Welt ist triste. Die höchste Vernunft sehe ich aber in dem Werk des Künstlers, und er kann sie als solche empfinden; es mag etwas geben, das, wenn es mit Bewußtsein hervorgebracht werden könnte, ein noch größeres Gefühl von Vernunft und Glück ergäbe: zum Beispiel der Lauf des Sonnensystems, die Erzeugung und Bildung eines Menschen." Auch hier gähnt die Kluft zwischen Denken und Wirklichkeit, begreift sich die Vernunft des Menschen als einzigen Lichtpunkt inmitten einer uferlosen und antwortlosen Nacht. Zwar erlebt sie sich hier in ihrem Stolz und Eigenglück, nicht in der kritischen Zerpflückung ihrer eignen Funktionen; aber ihrer Beziehungslosigkeit zu dem vernunftlosen Strudel — in dem man unschwer die Vorstufe des Weltungeheuers vom Ende des „Willens zur Macht" erkennt — bleibt sie auch hier gewiß. Und riesenhaft reckt sich wieder aus der so entstandenen Leere der schöpferische Ehrgeiz auf; Demiurgenaufgaben locken, die Erzeugung von Sonnen und Planeten oder gar von Menschen. Ein erschütterndes Zeichen für die tiefe Fremdlingschaft des Geistes, in der Nietzsche damals lebte, bringen die Sätze, welche der angeführten Stelle folgen: „Glück liegt in der Geschwindigkeit des Fühlens und Denkens: alle übrige Welt ist langsam, allmählich und dumm. Wer den Lauf des Lichtstrahls fühlen könnte, würde sehr beglückt sein, denn er ist sehr geschwind." Wie kann Geschwindigkeit geistiger Vorgänge so zum Werte werden, daß er fast eine Beziehung zum Demiurgenglück gewinnt? Man versteht es, wenn man sich klarmacht: es ist der aus der Lebensbindung herausgetretene Menschengeist, der hier spricht und der das Träge, Schwere, Umwegige des wirklichen Lebens nur als tote Hemmung hinnehmen kann; er hat die stolze Ungeduld, die sich selbst gegen die Bedingungen von Raum und Zeit zur Wehr setzen muß. In diesen Sätzen Nietzsches ist nicht von „religiösen" Fragen die Rede; aber sie flüstern etwas vor sich hin, das den Stand des geistigen Abfalls unheimlich scharf beleuchtet, als durchgeführt bis in die tägliche Weltbegegnung und hinab bis in den Bezirk des Unbewußten. Die Ablehnung des Langsamen, Allmählichen, Dummen und Tristen ist nichts andres als eine Ablehnung des ganzen wirklichen Lebens, vollzogen aus dem naturlosen Abseits des Bewußtseins; und die lebenslange Fortdauer dieser Ablehnung sieht man darin bekundet, daß Nietzsche bis zuletzt von seinem Ekel an der trägen, gemeinen Wirklichkeit der Menschen zu sprechen hat. Denn immer mischt sich da in die Ablehnung des Gemeinen der Abscheu vor der Wirklichkeit als dem Gemeinen, der Baudelairesche „ennui", für den das Natürliche ohne weiteres das Verabscheuungswürdige ist; eine gnostische Lebensablehnung also, die dem Schöpfer die Schöpfung nicht verzeihen kann. Die Gnosis hat ihre guten Gründe, wenn sie immer wieder den Demiurgen als einen aus Torheit oder aus Bosheit handelnden Dämon hinstellt. Wer spürt nicht uralten gnostischen Gotteshaß in Nietzsches düsterer Freude an Schopenhauers großer „Tat", das tragende Weltprinzip, den Willen, als etwas Dummes anzuprangern? Wer fühlt nicht aus dem Wort: „War das das Leben? Wohlan: noch einmal!" die Kühnheit im Bestehen eines Lebensverdrusses, der wohl lieber sagen möchte: Niemals wieder! Und aus der Lehre vor der ewigen Wiederkehr die zitternde und doch trotzige Selbsteinriegelung in den unentrinnbaren Lebensumschwung als in eine Hölle?

Selbsthaß, Lachen, Lüge

Eigene, tief erlebte Naturentfremdung also ist es, wo von Nietzsche ausgeht. Sie allein befähigt ihn, den Todesweg der Zeit und die Möglichkeit einer Rettung richtig — in der Richtung wenigstens — zu erkennen. Er hat sich über diese seine eigene Verschlungenheit in die nihilistische Bedrohung nicht getäuscht. Er sah beizeiten, daß seine eigene Seele das maßstäbliche Schlachtfeld war, auf dem sich die große Zeitwende zu vollziehen hatte, die Entlarvung des „theoretischen Menschen" durch den bei aller Bildung quälend verschärften Lebenshunger. Im Selbsterleben jenes Mangels, der draußen dem Gesicht einer ganzen Kultur den hippokratischen Zug eingrub, liegt die Wurzel alles sogenannten Selbsthasses bei Nietzsche; auch aller Widersprüche, die sich zwischen den Aussagen seiner verschiedenen Perioden errichten. Selbsthaß als Ausdruck unversöhnlicher Selbstentzweiung; Selbstwiderspruch als dialektische Entfaltung des inneren Zwistes, die sich nur in Satz und Gegensatz voranbewegen kann. Die Grundform des Selbsthasses zeigt schon Nietzsches frühe Auseinandersetzung mit Sokrates. Er brandmarkt ihn als den Zerstörer des Mythus, als den Feind und Entwurzeler des Instinkts, als den Vernichter der Wissenschaft, der Kunst, des unbefangenen sittlichen Urteils — aber fast zugleich (1875, in der nachgelassenen wichtigen Schrift „Wissenschaft und Weisheit im Kampfe") fällt das Wort: „Sokrates, um es nur zu bekennen, steht mir so nahe, daß ich fast immer einen Kampf mit ihm kämpfe." Nur zu nahe stand er ihm. Nur zu gut kannte Nietzsche die leidvolle „unterirdische Rachsucht" gerade gegen das unbefangene, arglose Leben, den Adler-Heißhunger des freigesetzten Geistes auf Lämmer („grimmig gram allem, was blickt / tugendhaft, schafmäßig, krauswollig, / dumm, mit Lammsmilch-Wohlwollen"), den Haß auf den Naturburschen und „Idioten" Parsifal, auf das Weib, auf die Liebe, auf das Volk . . . Und nur aus der ständigen Nähe des Gegners, aus der Häuslichkeit des Zwistes sind die immer wieder hervortretenden Züge seines Philosophierens zu erklären: das außerordentliche Vorwalten der Polemik, das Pathos, der Zorn, die Schärfe seines Schlagens und Treffens. Vor allem auch das Lachen, diese typische Abwehrwaffe im geistigen Nahkampf, die aus schwerster Bedrohung eine Ablehnung der ganzen Situation bewerkstelligt, da sonst nichts mehr helfen kann. Denselben Sinn hat bei Nietzsche das Tanzen, die gewaltsame Bezwingung des inneren Klaffens durch willentliche Flucht in rhythmische Geistesbewegung, das Hinübertanzen über das Sichsträubende, über die „Schwere", die überall da lastet und glotzt, wo Geist und Leben einander nicht erkennen. Nietzsches sehnsüchtiges Langen nach Leichtigkeit, sein Lobpreis alles Beflügelten, Zarten und Schwebenden gelten keinem ästhetischen Wert, sondern der ernstesten metaphysischen Bedürftigkeit seines Daseins. Wenn er nach Leichtigkeit ausblickt, meint er das gesunde Leben; er meint dessen Befreiung vom Urwiderspruch; ja er meint, wenn er vom leichten Leben spricht, Erlösung. „Die ‚leichtlebenden' Götter: das ist die höchste Verschönerung, die der Welt zuteil geworden ist; im Gefühl, wie schwer es sich lebt" („Wir Philologen"). Nichts von Nietzsches düsterem Zorn, nichts von dem wolkenhohen Freudenglanz seiner Durchbrüche kann verstanden oder gar in Dienst genommen werden von solchen, denen das Leben — nein, das bloße Existieren nicht einmal die ausweglosește der Aufgaben war. In „Wissenschaft und Weisheit im Kampfe" heißt es: „Es kommt wohl für jeden eine Stunde, wo er mit Verwunderung vor sich selbst fragt: Wie lebt man nur! Und man lebt doch! . . . Nun gibt es Lebensläufte, wo die Schwierigkeiten ins Ungeheure gewachsen sind, die der Denker; und hier muß man, wo etwas davon erzählt wird, aufmerksam hinhören, denn hier vernimmt man etwas von Möglichkeiten des Lebens, von denen nur zu hören Glück und Kraft bringt und auf das Leben der Späteren Licht herabgießt; hier ist alles so erfinderisch, besonnen, verwegen, verzweifelt und voller Hoffnung, wie etwa die Reisen der größten Weltumsegler, und auch in der Tat etwas von der gleichen Art, Umsegelungen der entlegensten und gefährlichsten Bereiche des Lebens. Das Erstaunliche in solchen Lebensläuften liegt darin, daß zwei feindselige, nach verschiedenen Richtungen hin drängende Triebe hier gezwungen werden, gleichsam unter einem Joche zu gehen; der, welcher das Erkennen will, muß den Boden, auf dem der Mensch lebt, immer wieder verlassen und sich ins Ungewisse wagen, und der Trieb, der das Leben will, muß immer wieder sich zu einer ungefähr sicheren Stelle hintasten, auf der sich stehen läßt." Auch in diesen maßvollen Sätzen lebt die Überzeugung, die vielleicht das einzige ist, woran der Allesbezweifler Nietzsche nie gezweifelt hat: Erkenntnis als ein Trieb, der das Leben gefährdet, Leben als etwas, das den Erkenntnistrieb zeitweilig verleugnen muß; naturloser Geist, Beziehungslosigkeit zwischen Denken und Sein, Wahrheit als Feindin des Lebens, Leben, das nur im Trug gedeihen kann. Was die frühe Schrift „Über Wahrheit und Lüge im außermoralischen Sinne" als natürliche Verfluchung zu einem wahrheitslosen Perspektivismus herausstellte, erscheint am Ende der großen Umwertung in den Sätzen: „Dieser Glaube an die Wahrheit geht in uns zu seiner letzten Konsequenz — ihr wißt, wie sie lautet —: daß, wenn es überhaupt etwas anzubeten gibt, es der Schein ist, der angebetet werden muß, daß die Lüge — und nicht die Wahrheit — göttlich ist!" Gilt es hier freilich anzumerken, daß Nietzsche unter Schein und Lüge alle lebenermöglichende Illusion, einschließlich der Kunst, alle vom Menschen „geschaffenen" Wertgefühle und Sinngefühle versteht, so läßt sich doch das Extreme und ungeheuerlich Umgestürzte der hier bezeichneten Wertungsweise nicht leugnen. „Wille zur Macht" bemerkt zum Begriff einer neuen Vollkommenheit (Abschn. 1010): „Das, was unserer Logik, unserem ‚Schönen', unserem ‚Guten', unserem ‚Wahren' nicht entspricht, könnte in einem höheren Sinne vollkommen sein, als es unser Ideal selbst ist." Man sieht hier aus der behaupteten Unergreifbarkeit der Wahrheit die Aufhebung aller Menschenmaße hervorgehen; man sieht, wie ein mutiger Geist durch die Überzeugung von der unüberbrückbaren Kluft zwischen Denken und Sein gezwungen wird, weit hinter die Welt und sehr weit hinter den Menschen zurückzugehen und in die große Leere hinein zu „bauen", eine Welt, die den Menschen nicht kennt, und dann einen Menschen, der diese Welt erträgt.

Feindschaft zwischen Bewußtsein und Leben

Wir haben uns dem Punkte genähert, wo nun ein bestimmteres Wort über Nietzsches Lösung des schweren, in eigner Seele erfahrenen Konfliktes fällig wird. Daß der Zeitkrankheit eine zum Unerträglichen gestiegene Verstrickung zwischen Denken und Leben zugrunde lag, brachte er als frühestes Wissen mit; ebenso, daß in dem Rettungsvorgang ein ganz neues Geltendwerden von Leib, Natur, Leidenschaft sich ereignen müsse, als ein Jahrtausendschritt, als Richtungsänderung eines Weges aus weiter Ferne. Aber damit ist die Frage noch nicht beantwortet, wie sich ihm das Methodische dieser Umschaltung darstellte, welche Bahnen sein Werten und Fordern einschlug, um das Ziel freizulegen und anzugehen. In die Betrachtung dieses Problems mag uns eine Vorfrage einführen, die unser heutiges Lebenswissen — das Lebenswissen eben jenes neuen Geschlechtes, dessen Wort wir hier führen wollen — zu stellen hat: Wenn die Beziehung zwischen Geist und Leben zerfallen und unsere Kultur an diesem Zerfall tödlich erkrankt war, mußte dann die Heilung nicht vor allem auf eine

Wiederherstellung der verlorenen Beziehung gerichtet sein? Hatte das freigesetzte Bewußtsein, das welt- und naturlose Denken den furchtbarsten Wirklichkeitsverlust über uns gebracht, mußte dann nicht vor allem dieses Bewußtsein und Denken in die Lebensbindung wieder heimgerufen werden? Lag nicht klar zutage, daß die mangelnde Naturgeltung in unsrer Welt darauf beruhte, daß unser frevelhaft emanzipiertes Bewußtsein die Natur „nicht gelten ließ", daß nicht ein Zuviel an Geist, sondern ein Zuwenig an Lebensbeziehung des Geistes die Versandung unsrer Kultur verschuldet hatte? Das Nein des abgefallenen Menschengeistes zu Welt und Natur hatte sich als das zerstörende Prinzip erwiesen. Konnte das Prinzip der Rettung ein anderes sein als das Ja des in die Lebensbindung heimgekehrten Geistes zu den Mächten der Erdtiefe und des Wurzelbereichs? Und winkte hier nicht wahrhaft die Tat einer Jahrtausendwende, die Bewußtmachung jener ersten nachparadiesischen Freundschaft zwischen Geist und Natur, die in Schöpfungsfrühe schon gewiesen und angelegt war, die aber noch nie geschichtlich führende und lebenbestimmende Gewalt erlangt hatte, trotz alles christlichen Wissens um die wunderbare Zueinanderordnung, weil die Menschheit (mit Einschluß der Christenheit!) zum vollen Antritt ihres Schöpfungserbes noch nicht reif gewesen war? Ist es nicht insgeheim das zentrale Ereignis unserer Zeit, daß in ihr ein jahrtausendaltes Lebensabseits des Geistes von schöpfungsechten Liebeskräften ganz neu angegriffen wird? Daß nicht bloß die Tendenzen jener Verstandes- und Vernunftvergötzung, wie wir sie seit zweihundert Jahren in Aufklärung, Rousseauismus, Idealismus, Intellektualismus erlebten, ihre Führungskraft verloren haben, sondern auch viel ältere und ehrwürdigere Formen der Emanzipation des Geistes, bis zur religiösen Askese, zur pietistischen Naturscheu und aller weltlosen Frömmigkeit? Mußte der geheime Anruf, der an den mächtigen Geist Nietzsches erging, nicht im Sinne jenes neuen, jenes ersten geschichtsfesten Schöpfungsglaubens verstanden werden, in welchem der gegen den Rückfall in die vorige Naturverschlungenheit gesicherte Menschengeist endlich seine hausväterliche und tief zutrauliche Liebe zur ganzen Schöpfung ausleben kann — nicht mehr ein Tyrann der Natur, nicht mehr ihr Sklavenhalter und kaltherziger Ausbeuter, auch nicht mehr ihr mißtrauischer und ewig gefährdeter Wächter, sondern ihr rechter König und verantwortlicher Walter von Schöpfers Gnaden?

Aber dieser Lösung stellte sich etwas in Nietzsche entgegen, das sehr tief in die Struktur seiner Person eingesenkt war: Er konnte unter Geist, Bewußtsein, Erkenntnis nur Gegenpositionen gegen das „Leben" verstehen; er hielt die Beziehungslosigkeit zwischen Denken und Wirklichkeit für gesetzlich und unaufhebbar. Er errichtete daher die neue Vereinheitlichung des Menschen nicht auf der Beziehung, sondern auf der Verfeindung; er suchte sie nicht vom schöpfungsgebundenen, sondern vom freigesetzten Bewußtsein her zu organisieren. Er konnte dem Leben nur die Warnung bringen, sich niemals und nirgends auf diejenigen Wertreihen einzulassen, in denen eine menschliche Teilhabe an einer geistigen Welt aufleuchtet, weil da überall die „tödlichen Wahrheiten", die Minderungen und Zerstörungen des Seins drohten. Er mußte die Autonomie des Lebens, seine hermetische Schließung gegen die Einbrüche von oben fordern und der bisherigen Freisetzung des Denkens eine Freisetzung des in sich kreisenden Seinswirbels entgegenstellen. Nietzsche nimmt durchaus die Position des abgespaltenen, des radikal aus der Schöpfung herausgetretenen Ichs ein und kann sich daher auf dem Boden einer nihilistischen Erkenntniskritik mit dem deutschen Idealismus begegnen, nicht nur mit Schopenhauer, sondern auch noch mit dem Fichte der „Bestimmung des Menschen". Wird er dann doch zum erbitterten Gegner des Idealismus, so nicht als Kämpfer gegen die autonome Vernunft, gegen idealistische Weltverflüchtigung, sondern gegen den Rest von Weltbeziehung und Weltgewißheit, den der Idealismus festhält. Dem Fichte, dem sich im angeführten Werk alles Anschauen und Denken, alles Sein und selbst das Ich in Traum und Nebel auflöst, hat der Nietzsche von „Wahrheit und Lüge im außermoralischen Sinne" wahrlich nichts entgegenzuhalten. Er kann ihn nur bestätigen. Und der Nietzsche des „Willens zur Macht", der Nietzsche der letzten Stufe, kann diese Bestätigung nur mit Nachdruck wiederholen, indem er sagt: „Es gibt weder ‚Geist', noch Vernunft, noch Denken, noch Bewußtsein, noch Seele, noch Wille, noch Wahrheit! Alles Fiktionen, die unbrauchbar sind", oder indem er in seitenlangen Ausführungen wahre Proskriptionslisten von Begriffen aufstellt, die er als erdichtet und fortan unverwendbar anprangert, wie Subjekt und Objekt, Substanz und Materie, Naturkräfte, Gesetze, Bewegung, Dinge, Ursachen und Zwecke, Druck und Stoß, Anziehung und Abstoßung, Einheit, Zahl, Affekt. Es kommt auf die Einzelheiten nicht weiter an. Was herausleuchtet, ist Nietzsches Streben, die ganze Welt des Menschen und dessen Beziehungen zu ihr als unsagbar, als wirklichkeitslos, als undenkbar, unannehmbar, unbejahbar hinzustellen und als *seine* Triumphe davonzutragen: „Wir werden die Stofflichkeit los!" und: „Zuletzt handelt es sich gar nicht um den Menschen: er soll überwunden werden!" und (in wichtiger Hindeutung auf das, was ihn selbst vom Geistbewußtsein der so geliebten Vorsokratiker trennt): „Parmenides hat gesagt: Man denkt das nicht, was nicht ist; — wir sind am andern Ende und sagen: Was gedacht werden kann, muß sicherlich eine Fiktion sein." Die geistigen Aneignungsakte also, in denen der Mensch allein von der Wirklichkeit Notiz nimmt, finden sich hier grundsätzlich verleumdet; ein Schnitt zwischen Wahrnehmung und deren Anerkennung, ein tödlicher Schnitt zwischen Empfindung und Wort geschieht, so daß Sprache aufhört, alles Vertrauen zwischen Sinnestätigkeit und Realitätsgefühl schwindet und jede menschliche Erlebensweise der Welt sich von hintergründigen Einwürfen bedrängt sieht. Man ist beim Lesen der kritischen Kapitel des

„Willens zur Macht" in einer Riesendornhecke, in einem Urwald, bei jedem Schritt festgehakt von Fragen, die sich sogleich als falsch gestellt erweisen, geäfft von Antworten, aus denen Dutzende neuer sinnloser Fragen quellen, unter den Füßen mooriger Grund, hie und da Wege, die sich richtungslos im Busch verplappern, alles weichend, alles täuschend mit Halluzinationen und Spiegelungen, Echos und Gegenechos, die sich mit hundert Gelächtern untereinander verspotten. Es ist „Geist", was hier die Führung hat; aber nicht jener Geist, von dem gesagt werden konnte, er führe einen ewigen Selbstbeweis, sondern jener, der eine ewige Selbstwiderlegung vollbringt — weil es der Geist des empörerischen Abseits ist, dessen konstituierender Akt in der Selbstablösung von der Wirklichkeit besteht und der — zunächst! — alles in sein eignes Nichts verwandeln muß. Und dieses Nichts ist jene Leere, von der wir sprachen, die Leere, in der jener Geist nun zu „bauen" anhebt; eine Welt, die nun nicht mehr von Schöpfers Gnaden, sondern von *seinen* Gnaden und Mächten dasteht, eine Welt der kreisenden Radform, die den Menschen nicht enthält und ihm nie einen Platz gönnen kann, die ihn immer nur auswerfen oder auflösen kann.

Um auf Fichte zurückzukommen: Nicht die Weltverflüchtigung in dessen früher Erkenntniskritik ist das, was Nietzsche an ihm und am Idealismus überhaupt zu bekämpfen hat, sondern der Akt der Zurückwendung zur Welt, den der Fichte der „Bestimmung des Menschen" im *Glauben* vollzieht; in jenem reichlich wunderbaren Glauben, der mit einem „Ich will!" den machtvoll empfundenen Trieb zur freien Selbsttätigkeit als eine Realität bejaht und damit zugleich „die Realität alles dessen, was er voraussetzt, ergreift", nämlich die Realität der Welt in der „sich uns natürlich darbietenden Ansicht, weil wir nur bei dieser Ansicht unsere Bestimmung erfüllen können". Eine letzte, im ethischen Bereich erfahrene und bejahte Weltverknüpfung also wird hier wirksam, um die durch ein offensichtlich „abgefallenes" Denken zerstörte Weltwirklichkeit wieder zu errichten; und Fichte hat ein ernstes Recht, das Festhalten an diesem letzten Stück Menschentum und das „freiwillige Beruhen bei der sich uns natürlich darbietenden Ansicht" der Welt mit dem schweren Worte „Glauben" zu benennen. Denn es glaubt, wer ernstlich die dargebotene Welt annimmt, an Gott; und der Gottesfeind erweist sich ernstlich nur darin, daß er der geschaffenen Welt absagt und eine Gegenwelt heraufruft.

Diese Zurückwendung zur Wirklichkeit ist das für Nietzsche Unvollziehbare. Der Wiedergewinn der durch den abseitsgetretenen Geist zersetzten Welt — darin liegt das Anstößige für ihn, das er dem deutschen Idealismus nicht verzeihen kann. Nietzsche bleibt trotz allen Weltverlustes, an dem er bitter leidet, auf der Bahn der Auswanderung. Er bleibt auf den Wegen Schopenhauers, nur daß er nicht von Lebensverneinung spricht, sondern von der Überwindung des Menschen, von der Setzung eines fabelhaften Menschen der Zukunft, einer ganzen neuen Welt der Zukunft, die weit über alles Bekannte hinaus ist; Zukunft, die in Wahrheit das Niemals ist, die Unzeit und Aberzeit des Unrealisierbaren, da das Nein zum Ja wird, die Zeit des Nichts.

Nietzsche kämpft, wie gegen den Idealismus, so auch gegen die rechnerisch-zahlengläubigen Verfahren der heutigen Naturwissenschaft. Auch hier führt er ganze Strecken lang das Wort unsres Lebenswissens, dem der Sonderwert „Leben" gerade auf Grund einer tiefen Enttäuschung an der totalen Fassungskraft der Zahl deutlich geworden ist. Aber was er dabei bekämpft, ist im Grunde der uralte Glaube, daß die Zahl — das Messen, Wägen, das Sach- und Quantendenken, die Verstandesmethode — überhaupt eine unwiderlegbare Beziehung zur Wirklichkeit habe. Er zieht aus der nachgewiesenen Unmöglichkeit, auf das Rechnen allein eine wissenschaftliche Erfassung des Lebendigen zu gründen, nicht die Folgerung: So bringt denn, da der Verstand allein euch nicht das Leben, sondern immer nur Totes auf den Laboratoriumstisch legt, neben ihm die andern Geisteskräfte ins Spiel! Lernt der Wirklichkeit als ganze Menschen begegnen, und lernt aus dieser Totalbegegnung mit der Natur neue, größere Methoden entwickeln! Sondern seine Folgerung lautet: Darum fort mit einer rationalen, einer geistigen Weltbearbeitung überhaupt! Die Unanwendbarkeit geistiger Ergreifungs- und Ordnungsakte auf die Wirklichkeit darzutun, den Menschengeist zu verjagen aus allen Ämtern, alles Bewußtsein aufzuweisen als nebensächliche und oberflächliche Zutat, als „biologisches Epiphänomen", unbeteiligt an allen wesentlichen Vorgängen unsrer Erhaltung und unsres Wachstums, das gesamte Ideen- und Wertschätzungswesen zu entlarven als bloße Abschattung „unbekannter Veränderungen" — das sind die Anliegen, mit denen Nietzsche beginnt und mit denen er im Mittelstück des „Willens zur Macht" endet. Bezeichnend und für uns Heutige besonders aufschlußreich sind die Interpretationen nach unten, die Nietzsche auf dem so gelegten Grunde errichtet. Der sich unfrei fühlende Mensch sublimiert seine Unterwerfungsinstinkte und wird so zum religiösen Menschen! Die sozialen Rangordnungsgefühle werden ins Universum verlegt und bringen so die moralische Weltbetrachtung hervor. Der Trieb zur Unterjochung und Ausbeutung der Natur tritt auf und erzeugt die wissenschaftliche Weltbetrachtung. Das Unbekannte also, das „Es", ist das Vorgängige, die Bewußtseinserscheinungen sind das Abgeleitete, das Leere und Reflektierte, das wir hinzuträumen. Steht hier nicht das Wort vom „ideologischen Überbau" in der Nähe? So wenig Nietzsche Marxist ist: diese Strecke seines Denkens ist Marxismus. So wenig er Materialist ist: hier regt sich materialistische Tendenz. Und nicht zufällig ist der Ausdruck „Sublimierung" genau mit der Nietzscheschen Bedeutung in den Wortschatz einer Psychologenschule eingegangen, die bei allen Einzelverdiensten den weltanschaulichen Materialismus noch einmal wie einen Gifthauch über die Kulturwelt gebracht hat.

Vereinheitlichung nach unten

Nicht also auf der Heimkehr des Geistes in die Lebensbindung errichtet Nietzsche seine neue Vereinheitlichung des Menschen, sondern auf der Ausschließung des Geistes aus der Menschenwelt. Das drängt und treibt in den frühen Schriften, das bleibt der bittere Refrain in sämtlichen erkenntnistheoretischen Hilfskonstruktionen bis zum Ende. Man sieht es an der gefährlichen Weite und Radikalität, die seinem ersten Begriff vom Feind, dem Begriff vom theoretischen Menschen anhaftet; denn das theoretische Verhalten überhaupt, nicht etwa eine geschichtlich gesehene Maßüberschreitung, gilt ihm als die lebenzerstörende Macht. Man sieht es daran, daß er den durch Sokrates bewirkten Bruch („Weh, du hast sie zerstört, die schöne Welt, mit mächtiger Faust; sie stürzt, sie zerfällt") nicht als notwendige Auflösung einer Jugendwelt zu verstehen weiß; einer Jugendwelt, in welcher das Ich, das Bewußtsein und Denken noch die kindlich-naturhafte Bindung zum Kosmos haben, und aus der einmal, wie im Lebensablauf des Einzelmenschen, die schärferen Kristallisationen des Geistes sich entfalten mußten, die schmerzliche Gabelung der Kräfte, das große Zurücktreten und Abstandnehmen des Bewußtseins, welches ewig die Wunde im menschlichen Sein stiftet, aber zugleich auch die Grundlage für die zweite, endgültige Versöhnung. So erscheint das Tun des Sokrates als unbegreifliche Gewalttat, der nichts Gesetzliches innewohnt. Er „wirft das Ganze um, in einem Augenblick, wo es sich der Wahrheit noch am meisten genähert hatte", sagt die Schrift „Wissenschaft und Wahrheit im Kampfe" (1875); und dies findet Nietzsche „besonders ironisch" und unterstreicht damit seine radikale Weigerung, die sokratische Wende als einen Grundschritt in der Geschichte des Menschen anzuerkennen. Eine fast gequälte Ratlosigkeit blickt aus der Frage, welche dieselbe Frühschrift stellt: „Wie stirbt diese Zeit ab? Unnatürlich! Wo stecken denn nur die Keime des Verderbens?" Er will es sich erklären durch die Pest in Athen, durch den allzu großen Sieg über die Perser, durch die damalige Flucht der Besseren aus der Welt, schließlich dadurch, daß sich seit Sokrates „das Individuum mit einem Male zu wichtig nimmt" — aber völlig außer Betracht bleibt der Gedanke, daß sich in Sokrates nur vollendet, was im griechischen Geiste schon längst bedeutsam angelegt war. Nietzsche hatte schon bei Heraklit nicht gesehen, daß es dessen große Tat gewesen war, den Logos als die einende Kraft zwischen Seele und Kosmos aufzuweisen, und heftig brandete sein Unwille an gegen Parmenides und die Eleaten, gegen ihre furchtbaren und „völlig blutlosen Abstraktionen", entstehend in einem Moment, der „ungriechisch ist wie kein anderer in den zwei Jahrhunderten des tragischen Zeitalters". In der Gleichsetzung von Denken und Sein, in der „furchtbaren Energie des Strebens nach Gewißheit" vermag Nietzsche nicht die erste harte Heraklestat des griechischen Geistes zu sehen, die im Kampfe gegen Chaos, Vielheit und sonstige Naturungeheuer die frühesten Burgen und Sicherungen des neuen Bewußtseins errichtete. Er vermag — gleich vielen, die ihm nachfolgten — in diesen schroffen trotzigen Frühabgrenzungen nicht den Beginn des Jahrtausendweges zu sehen, dessen erste Etappen die Selbstherausnahme des Menschengeistes aus der alten Naturbindung bringen mußten, koste es, was es wolle, damit erst einmal der Mensch sich auf Erden hervortue in der vollen Eigenheit der nur ihm zugesprochenen Seinsweise. Nietzsche sieht nicht, daß er bei seiner Totalablehnung des logischen Denkens und der rationalen Weltbearbeitung nicht erst Sokrates, sondern schon viele Vorsokratiker gegen sich hat; und das heißt: daß er Grundkräfte des griechischen Seins gegen sich hat, die zwar als die apollinische Tendenz in seiner Gedankenwelt erscheinen, die er aber niemals nach ihrem vollen Ernst, nach ihrem anthropologischen Gewicht anerkannt hat. Er hielt das Apollinische für eine polare Gegenkraft zum Dionysischen, er hielt es für bestimmt, in harmonisch-streitbarer Verknüpfung mit diesem die Gestalt jeweils hervorzubringen. Aber er wußte nicht, daß sich in diesem Apollinischen etwas anmeldete, das den Raum der mythisch-polaren Spannungsharmonie durchbrechen sollte in der Richtung zu dem Gotte über der Sphäre der Olympier. Ihm lag über dieser Sphäre nur das Nichts. Er brachte es fertig, dem Streben des Parmenides nach Gewißheit, worin sich mit Majestät und Gewalt der Herrschaftsanspruch des Geistes und das große Schicksal des Menschen auf Erden ankündigten, die Werte des „mythisch denkenden und höchst beweglich-phantastischen Zeitalters" entgegenzuhalten, ohne etwas zu ahnen von dem Drang, der den Menschengeist damals, wie einen Tannhäuser aus dem Venusberg, aus der bunten mythischen Jugendwelt heraustrieb. Das Nichtsehen dieses Zwanges gibt die Seite an, wo sich Nietzsches Griechenbild als tiefgehend verzeichnet erweist. Es faßt gerade das einzigartige Verhältnis des Griechen zum Logos nicht in sich, es muß nicht nur Sokrates, Plato, Euripides, Aristoteles, sondern auch schon die Eleaten und Sophokles und selbst Äschylus insgeheim ablehnen. Wie vieles liegt in der Tatsache, daß sich Apollon, der anfängliche Partner des Dionysos, in der Ausreifung des Nietzscheschen Mythus fortschreitend verflüchtigt und Dionysos das Feld überläßt! Anfangs mit diesem gleichberechtigt, verblaßt er allmählich zu einer Funktion innerhalb des dionysischen Gesamtgefüges. Er wird von Dionysos aufgesogen, er wird in den göttlichen Seinswirbel hineingerissen, nach dem alten Gesetz, daß es keinen letzten Ernst der Individuation geben kann, wo das „Es" vergöttlicht wird. Das arme Ich des Menschen — wie soll es sich erhalten, wenn ihm das Es als „Gott" gegenübertritt? Es kann dann nur eine Frömmigkeit noch üben: sich in das göttliche Es hineinstürzen, wie Empedokles in den Ätna. Es entsteht in diesem Falle immer jenes aus vielen schrecklichen Erfahrungen der Menschheit bekannte Gefälle vom Ich zum göttlichen Es, und der enthusiastische Untergang ist das Urbild aller religiösen Geschehnisse, die es zwischen beiden geben kann. Die enthusiastische Seite des Griechentums hat Nietzsche gesehen. Aber er hat nichts von dem Ernst gesehen, mit dem sich das griechische Ich — schon in seiner frühen und schwer gefährdeten Gestalt — dem Untergang entgegenstemmt, wie es sich aus dem Maelstrom herausnimmt und sich festmacht, in prometheischer Verteidigung der Menschengestalt gegen einen Zeus, der nichts vom Wesen des Menschen weiß. Gerade diesen Prometheus-Zug im Griechischen greift Nietzsche an, die Grundlage des abendländischen Schicksals. Und vielleicht tut er es, weil er ahnt, daß sich damit das griechische Ich frei hält für den Gott über der Sphäre der ruhelosen und ewig neidischen Dämonen, für den Gott Jesu Christi, der es dann endgültig ins Leben rettet.

Selbstvergottung und Wirklichkeitsverlust

Nietzsches Entscheidung gegen das Christentum ist schon längst gefallen, ehe er seinen Kampf gegen das Christentum anhebt. Sie liegt von Anfang an im Wie und Was seines Denkens. Sie steckt schon in seinem Angriff auf den theoretischen Menschen — so, wie er ihn versteht —, indem er damit zugleich Logos und Transzendenz überhaupt angreift. Sie steckt noch deutlicher in seinem abgefallenen Denken, das sich selbst jede unironische Weltbeziehung, jedes Trauen auf eine aus der Schöpfung antwortende Treue abschneidet. Als einem Ich, das sich überhaupt nur im Abseits einer unheilbaren Autonomie erleben kann, wird ihm jede Gottesvorstellung zur persönlichen Bedrohung. Der Akt der Selbstvergottung ist bei Nietzsche vollzogen, sobald er zu denken beginnt. Er stellt sich dar in der Unmöglichkeit, sich in irgendeinem

Betracht nicht ersten metaphysischen Ranges zu fühlen, sich von irgendeiner Instanz mit irgend etwas, z. B. mit dem eignen Dasein, beschenkt zu denken. „Wenn es Götter gäbe, wie hielte ich's aus, kein Gott zu sein." Ein Wort von Joseph de Maistre sagt: „Zwischen Gott und dem Menschen steht nichts als des Menschen Stolz." An dieses Wort kann man bei Nietzsches Gottesgegnerschaft sehr oft denken. Er hat zwar viele Augenblicke, in denen er allgemeine Äußerungen des christlichen Seins mit tiefster Sympathie anschaut. Er weiß die Hände des alten Papstes zu loben, weil man ihnen anmerkt, daß sie viel gesegnet haben. Er weiß christlichen Spiritualismus gelegentlich gegen die „modernen Ideen" zu verteidigen. Er rühmt den, der zuerst den Gedanken aussprach, daß der Mensch um Gottes willen zu lieben sei, als ewig verehrungswürdig. Aber wo es ihn persönlich und existenziell angeht, wo irgend nur von ferne die Zumutung auftaucht, sich selbst in eine praktische Beziehung zu Gott zu setzen, sieht man Sträuben und Abwehr mit Blick und Wort, ein entsetztes Zurückspringen, ein Abschütteln mit Ekelgebärden, wie vor etwas Häßlichem und Widrigem, das zudem einen lebensgefährlichen Angriff bedeutet. Wenn man dies mit de Maistre Stolz nennt, so geht das in der Tiefe nicht fehl; aber es ist nicht ein „freier", sondern ein besessener Stolz. Antichrist, Ecce Homo: da hört man es aus dem Munde, in dem sich so oft das kaum Sagbare zu zauberhafter Sprachgestalt formte, mit rauhem Poltern hervorbrechen wie eine fremde Stimme; und am erschreckendsten wirkt der billige, journalistische Zynismus, der sich selbst den Witz von „Gott als Schneider" („Sehet die Lilien an auf dem Felde . . .") nicht erspart. Ein hoher, edler Geist, der wahrlich ermächtigt war, das Ideal eines vornehmen, freien, gütigen Menschentums zu tragen, kämpft gegen das Christentum in einer Weise, die zu sagen scheint: Gegen diesen Feind sind alle Waffen erlaubt.

Ihm ist von dieser Seite etwas angetan, ihm droht von dieser Seite etwas, das er nicht dulden *kann*. Müssen wir das nicht aufsuchen, um jenen „Stolz" zu verstehen? Müssen wir die Lebenswunde, die ihm geschlagen ist, nicht aufdecken, um die Gefahr zu verstehen, die ihm Gott bedeutet? Ist jener Stolz, also der luziferische Abfall, das Erste und Letzte in Nietzsches Stellung gegen Gott? Sein Geheimnis ist doch das düstere Geheimnis alles Atheismus, der Größe hat: er will *mehr Leben* gewinnen, indem er Gott absagt. Ein tiefer Lebenshunger ist es, der ihn auf seiner Bahn vorantreibt. Wie kommt es in ihm zu der Gewißheit, daß nur *gegen* Gott dieses Mehr an Leben, dieses einzig Echte und Höchste an Leben gewonnen werden könne?

Hier wird der Blick frei auf den grundlegenden Seinsmangel, der in Nietzsche gegeben ist. Wir haben ihn schon berührt, als wir von der Weltlosigkeit, von der Weltunbezogenheit seines Geistes sprachen. Aber es gilt dies jetzt zu erfassen als den Grundmangel seiner Existenz, als Entstehungspunkt einer verzehrenden Leere und eines unstillbaren Lebenshungers.

Für den Menschengeist im Abseits wird keine Wirklichkeit wirklich, weil der geistige Aneignungsakt, der das Wirkliche ergreift, grundsätzlich nicht vollzogen wird. Wirklichkeit ist uns nicht schon dadurch gegeben, daß sie — als Natur, Geschichte, Volk, als Leidenschaft, Liebe — vorhanden ist und in die Sinne tritt. Wirklichkeit und Leben sind nur wirklich, wenn sie vom Menschen angenommen, d. h. geistig ergriffen und bejaht, als verpflichtende Spende anerkannt werden. Sind aber in einem Menschen Bewußtsein und Leben seinsmäßig auseinandergestellt und verfeindet, so daß eins dem andern nicht trauen kann, so bleibt dieser Mensch wirklichkeitsleer und gerät, mitten in der Fülle der Erde, in einen gespenstischen Hunger. Das Eßbare verliert die Qualität der Eßbarkeit, sobald er es berührt. Das Nährende verliert die Verbindbarkeit mit dem menschlichen Sein und sättigt nicht. Tantalus, König Midas, Erysichthon bezeugen, daß der Hunger dieser Art seit alter Zeit der Menschheit wohlbekannt ist. In solchen Menschen bringt der Geist (Bewußtsein, Denken, Anschauen, Begreifen) nicht unaufhörlich neuen Stoff zu Nahrung und Aufbau heran, sondern er verflüchtigt jede Substanz, die er ergreift (Nietzsche: „Wir werden die Stofflichkeit los"). Er vergeistigt sie so, wie sich dem König Midas alles vergoldet; er bringt sie um Widerständigkeit, Materialität, Angleichbarkeit und treibt somit den eignen Lebenshunger immer schärfer hervor.

Der einzige Weg aber zur Stillung dieses Hungers — die Heimkehr des abseitsgetretenen Geistes in die Lebensbindung — ist für Nietzsche mit den schrecklichsten Unmöglichkeiten und Verboten zugebaut. Alles, was mit dem Geist zu tun hat, jeder Hinweis auf eine verpflichtende Teilhabe des Menschen an höheren Wertreihen bedeutet nur weitere Verarmung an Welt. Und darum kann von solchen Voraussetzungen her nur der Weg, der von der gesamten geistigen Welt fortführt, noch Hoffnungen auf Wirklichkeitsgewinn bieten. Wohlgemerkt: es ist die unbezweifelbare *Erfahrung* solcher Menschen, daß Geist nur Schmarotzer und die geistige Welt nur Flucht vor dem Wirklichen, Angriff auf das Wirkliche ist. Nietzsche hat an allem gezweifelt, nur daran nicht; denn der ausschließende Gegensatz zwischen Bewußtsein und Leben war in die Grundfesten seiner Existenz eingesenkt. Er wurde dadurch fähig, die Krankheit seiner Zeit „am Geist" tiefer als alle zu durchschauen — und er wurde dadurch getrieben, den Konflikt Geist-Leben *unendlich* zu deuten und die Endlösung in heillose Irre vorzutreiben. Denn als einzige Möglichkeit bleibt ihm, wie überhaupt dem Menschen seiner Lage: Abbau aller auf den Zusammenhang Geist-Kosmos gebauten Bezüge, totale Überantwortung des Menschen an den festgeschlossenen, rund in sich schwingenden und gegen alle Transzendenz abgedichteten Seinswirbel. Er ist die Welt, er ist das Leben und die Wirklichkeit; und sein grimmigster Feind, der „draußen" und „drüben" lauert, heißt Gott, von dem gesagt ist, daß er Geist sei (und schlimmer noch: daß er die Liebe sei, Stifter der Verbindung zwischen dem, was ewig in kalter Starre geschieden bleiben muß).

Die Gegenwelt

So kommt Nietzsches Gottesfeindschaft zustande — wenn anders man hier von einem Zustandekommen, von einem Geschehen reden darf. Nietzsche sagt in „Ecce Homo", er kenne den Atheismus nicht als „Ergebnis", noch weniger als Ereignis; er verstehe sich bei ihm aus Instinkt. Das heißt: In der mythischen Seinsfrühe, in der zwischen Nietzsches Bewußtsein und der „Welt" die trennenden Tore fernabdonnernd zuschlagen, fällt auch seine Entscheidung gegen Gott. Es fällt die Entscheidung für das Widerspiel der augustinischen Unruhe zu Gott, nämlich für die Unruhe zur völligen Schließung seiner gottabwendigen Weltkonstruktion. Man sieht ein Drängen und Treiben in ihm, bis diese Schließung in der Ewigen Wiederkehr des Gleichen vollendet ist. Sein Lebenshunger, dem die legitime Stillung versperrt ist, weiß: Solange das gottfreie Diesseits noch e i n e undichte Stelle hat, die durchlässig ist für den Ausblick nach drüben oder für das Einströmen der Kräfte von dort — solange ist das Entscheidende nicht getan. Wie wenig wußten diejenigen Nietzsche-Anhänger von ihrem Meister, die ihm die Ewige Wiederkunft gerade noch als eine sonderbare und überflüssige Schrulle glaubten verzeihen zu können! Sie war keine Schrulle, kein Traum und Überfluß; sie war tragendes und abschließendes Element seiner Gegenwelt, weil sie mit ihrem vollkommen seelenlosen, überraschungslosen, mechanischen Wiederbringen jedes gelebten Augenblicks Gott wirklich und endgültig vor die Tür setzte. In mühseliger, keuchender Beweisführung begründet er sie; flüsternd, mit allen Zeichen des Grauens teilt er sie dem Freunde Overbeck mit, als hätte er ihm ein schreckenvolles Geheimnis zu verraten. Es war das Geheimnis, daß das Es gefunden sei, das den Menschen nicht kennt und ihn doch beansprucht — also nach Molochsart: zum Verzehren. Im Einerlei, das sich durch Ewigkeiten hin buchstäblich wiederholt, war das weltfüllende, weltstopfende Etwas gefunden, neben dem für einen schöpferischen Gott keinerlei Raum mehr war. Ein Ungeheuer an Kraft, von den eignen Exkrementen lebend, wird dieses Etwas im Schlußkapitel des „Willens zur Macht" genannt, und die Schilderung Nietzsches gibt ihm tierische Züge. Aber im ewigen Abrollen der gleichen Momente trägt dieses Ungeheuer das Gepräge von etwas noch viel Menschenfernerem: Es ist Maschine.

Nicht die „alten Götter" bietet Nietzsche gegen den Gott des Christentums auf. Er ist Antichrist nicht im Sinne des Heidentums; denn der Heide g l a u b t ja an seine Götter. Nietzsche ist so wenig Heide wie Luzifer. Das Wort „Wenn es Götter gäbe . . ." ist undenkbar im Munde eines Griechen der frühen Zeit, undenkbar im Munde eines jener alten Sachsen, die bei der Taufe ihre vordem g e g l a u b t e n Götter Thor, Wode und Saxnot abschworen. „Nicht, daß du Götzen umwarfst, / daß du den Götzendiener in d i r umwarfst, / d a s war dein Mut", heißt es in Nietzsches letzten Bruchstücken zu den Dionysos-Dithyramben. Nietzsche wußte in seinem unvorstellbar überschärften Empfinden für alles innerweltliche und innerseelische Deuten auf den Feind Gott, daß die alten Götter noch in ihrem Stier- und Sperberwesen, noch in ihrer Willkür und Verräterei, ja noch in ihrer Qualität der „Unbekanntheit" menschenfaßliche Züge trugen, mit Möglichkeiten des Widerstandes, der Furcht und der Anbetung. Schon in frühen Schriften hat er den Einspruch gegen das Altertum anzumelden, daß es die Religion zur Grundlage des staatlichen Lebens gemacht habe; und der Religion überhaupt, d. h. jeder irgendwie gearteten „Fassung" transzendenter Beziehungen (wie sie der äschyleische Prometheus unter den „Künsten" und „Techniken" nennt, die er dem Menschen übermittelt hat), war er feind. Nur wenn aller Raum ausgefüllt war mit einem Es-

Wirbel, der auf der einen Seite völlig unansprechbar war für Geist und Seele, auf der andern Seite völlig geheimnislos und „bekannt" (als „Wille zur Macht — und nichts außerdem") — war jeder Ort für Gott verschlossen: die blanke Maschine der ewigen Wiederkehr hat allein gottverdrängende Kraft. Sie erst verneint radikal die Welt- und Gottbezogenheit des Menschengeistes, sie treibt die endgültige Selbstwiderlegung des Menschen hervor. Denn in der ernstlichen Auslieferung an den maschinenmäßig sich wiederholenden Weltablauf kann sich der Mensch selbst nur noch als das zu Überwindende betrachten. Ehern schließt es sich zusammen: Gott kann aus der Welt verdrängt werden, aber nur, indem gleichzeitig der Mensch daraus verdrängt wird. Nur wenn der Mensch zu sich selbst Nein sagt, sagt er in Wahrheit auch Nein zu Gott. Hier erhärtet sich der Satz, daß Gott ein Gott der Lebendigen und nicht der Toten ist.

Man tut gut, zu Nietzsches Gottesfeindschaft auch so nebensächliche Bemerkungen in Betracht zu ziehen, wie die, daß wir „Gott nicht loswerden, solange wir noch an die Grammatik glauben", d. h. solange wir noch gutgläubige Aussagen machen mit Subjekt, Zeitwort und Objekt, weil mit alledem ein Täter und ein Tun in unsre Wirklichkeitsvorstellung hineingepascht, hineingefälscht wird. Die nominalistische Sprachkritik vom Ende des 19. Jahrhunderts (Fritz Mauthner) zeigt hier, wie oft bei Nietzsche, ihre Spuren, mit der Wendung: Der Bekämpfer der Gottesvorstellung hat schon den Geist der menschlichen Sprache gegen sich. Auch aus der Musik — einerlei, welcher Art — spürte Nietzsche eine „Auferweckungskunst für christliche Zustände" heraus, d. h. er spürte, daß Musik, indem sie zum Bleiben auf dieser Erde, zum menschenförmigen Bestehen des Daseins einlädt, ein unbenanntes Element von „Gläubigkeit" mit sich führt, die sich die Welt als gegebene und gespendete gefallen läßt. Musik zerbricht den Willen, empfand er; und Wille ist hier der aufgestachelte Wille des abseitsgetretenen Ichs, der in keine Art des

Sichlassens und der hinnehmenden Haltung willigen kann, weil er eine andere, eine selbstgeschaffene Welt will. Aus der gleichen Empfindungsweise muß er alle Religion, nicht nur die christliche, unter die Opiate, unter die Narkotika rechnen. Als höchste Forderung steht vor ihm die Verpflichtung zu einer furchtbaren, im Lebensjenseits verankerten Wachheit, die sich von keiner „Verführung" einschläfern läßt. Und es ist sicherlich mehr als eine Metapher, wenn man Nietzsches gespanntes Verhältnis zum Schlaf mit dieser geistigen Grundhaltung in Zusammenhang bringt. Ein Leben lang hat er um den Schlaf der Nacht gerungen, oft mit Hilfe von Giften, die das Bewußtsein durch Keulenhiebe erschlugen, weil er sich selbst durch einen metaphysischen Akt um den Schlaf gebracht hatte. Schlafen ist ein Akt der Zustimmung. Schlafen heißt, die Rüstung ablegen; schlafen kann man nur in einer Welt, der man traut. Das Auge dessen, der sich „mit Gott und der Welt" verfeindet hat, darf sich nicht mehr schließen. Chesterton sagt, der Schlafende glaube an Gott. Schlafen kann man nur, wenn man einen weiß, dem alles überantwortet werden darf. Schon derjenige, der sich in einer bösen Weise „sorgt", d. h. der zur Lösung irdisch-greifbarer Aufgaben keine andere Hilfe anerkennt außer seinem eignen, bewußten Können und Wollen, verliert den Schlaf. Wieviel mehr derjenige, der die Verantwortung für das Ganze an sich gerissen hat und immer gewärtig sein muß, daß ihn im Schlaf der Feind überfällt — der Feind Gott! „Nacht ist es — ach, daß ich Licht sein muß!"

Die Entscheidung gegen Gott

Man hat wieder und wieder gesagt, daß Nietzsche bei seinem Kampfe gegen Gott eine zeitgebundene Gestalt des Gottesglaubens, das Christentum seiner deutschen Umwelt, vor Augen gehabt und bekämpft habe. Auf derselben Linie liegt es, wenn wir sagen hören, daß Nietzsches Wort „Gott ist tot" nur als Feststellung einer geistesgeschichtlichen Tatsache aufzufassen sei, der Tatsache nämlich, daß am Ende des 19. Jahrhunderts die christliche Botschaft von Gott im Leben und Denken weithin ihre Bedeutung verloren habe. Und schließlich fühlen wir uns selbst im Innern gewarnt: Was sagt denn der aus, der Gott den Krieg erklärt? Springt er denn damit aus der Wirklichkeit Gottes heraus? Christus spricht, daß nicht alle, die Herr! Herr! sagen, das Himmelreich erben werden. Folgt daraus nicht, daß nicht alle, die gegen Gott zu Felde liegen, dem Himmelreich verloren sind? Kann es nicht Fälle geben, in denen ein Mensch nicht zum legitimen Bewußtsein und nicht zum echten „Wort" gelangt, also auch nicht zum Worte „Gott", so daß er die Wirklichkeit Gottes nur als etwas geheim Bedrängendes (weil Verdrängtes) Zehrendes, Unruhestiftendes, Hinauslockendes erfährt und durch Leiden und Irren statt durch Lob und Danksagung von ihm zeugt — vielleicht lebendiger zeugt als die vielen, die sich der Wirklichkeit Gottes eben *durch* jenes Herr!-Herr!-Sagen entziehen?

Stellt man sich auf den Standpunkt der zuerst genannten Einwände, dann wird Nietzsches Kampf gegen Gott zu einer bestimmten, abgeschlossenen Szene in der Freskenfolge der Geistesgeschichte. Er wird zeitlich und sachlich lokalisiert — und er wird damit verharmlost. Er wird zu einem Mißverständnis verdünnt, fast zu einer Art Grenzzwischenfall; und man beraubt ihn damit des metaphysischen, seinsmäßigen Ernstes, der ihm innewohnt.

Zweifellos fehlte dem christlichen Bewußtsein der Nietzschezeit weithin der Tiefgang. Es fehlte ihm der Blick dafür, daß es in der Religion vor allem um die Seinsfrage geht. Religion in der Defensive, Religion in der moralistischen Verzweckung, in der trübseligen Bindung an das, was man damals den Bürger zu nennen begann, diesen abgeleiteten, in allen Stücken frontfernen und unfrischen Etappenmenschen, der nicht Mensch der Mitte, sondern mittelbarer und mittelmäßiger Mensch war — das ist das Bild der Religion, das Nietzsche rings um sich vorfindet. Religion in schlechten, kraftlosen Kompromissen mit Bildung und Kultur und sozialer Zuständlichkeit; Religion, hineingewirrt in alle Blindheiten und Fehlläufe der Zeit, verstrickt in ein System von Sicherungen, welches nicht dem Leben galt, sondern dem feigen Arrangement mit den Mächten — wir sind mit all diesen Feststellungen auf einem bekannten Gebiet. Denn auf ihm ist das meiste von dem erwachsen, was wir seit Jahrzehnten als Kritik an Christentum und Kirche kennengelernt haben; und ganz sicher gehört auch Nietzsches Polemik mit hinein in diese Kritik und nimmt teil an ihrer Ermächtigung.

Aber Nietzsches Kampf geht weit über die Kritik hinaus. Er setzt nicht, wie ein Kierkegaard, dem Getrübten das Reine entgegen, sondern er gibt, ebenso blind wie die von ihm angegriffene Zeit, die christliche Sache überhaupt preis. Und das ist seine freie Entscheidung; seine Entscheidung gegen das Leben, gegen den Menschen und gegen den Geist. Er hatte dem verkümmerten christlichen Bewußtsein keinen Durchbruch zu einer neuen Ergreifung der christlichen Wahrheit zu bringen. Kein Beben des Herzens, kein tiefer, echter Lebensdurst trieb ihn, gegen Mißbrauch und Torheit in die Schranken zu treten und die gefährdete Gottesbeziehung zu retten. Er wußte Besseres vom geschöpflichen Leben als der enge christliche Moralismus seiner

Zeit; aber von der Bedeutung des Christenglaubens für das echte Leben wußte er ebenso wenig, ja noch weniger als sie. Nirgends ist Nietzsche mehr „Zeitgenosse" als in seinem Denken über Religion. Er weiß ebenso wenig wie die Umwelt um die in der Religion gestellte Seinsfrage, er hält den moralischen „Einwand", das bißchen Wenn und Aber gegen Triebe und Leidenschaften für den Gesamtinhalt der christlichen Verkündigung. Ein unheilbares Nichtwissen über das wirkliche Wesen des Menschen verwirrt und entwertet sein gesamtes Sprechen über Religion, stürzt ihn oft in ein schier unverständliches Irrereden.

Jene Entscheidung gegen Gott liegt vor allem schon in seiner Ablehnung des Glaubens überhaupt. Ihm bleibt verschlossen, daß Denken und geistiges Leben nur auf der Grundlage eines Glaubens erwachsen können. Denn erst ein Glaube legt die unruhige Eigenbewegung des Ichs still und öffnet den Weg zum Hineinwachsen ins Wirkliche; und erst der Glaube an Gott verbürgt, daß es die objektive und volle Wirklichkeit ist, zu der dieser Weg führt. Nietzsche aber betrachtet alles Glauben als Haltung der Sklavenseele. Jeder Gläubige ist ihm ein minderwertiger Mensch, ein „Antagonist des Wahrhaftigen", bemakelt mit einer „pathologischen Bedingtheit seiner Optik". Er kennt Glauben nur als Selbstverblendung. Gelegentlich zwar bekundet er Verständnis für den motorischen Wert der „Überzeugungen", als Hilfen zur Tat. Er verlangt auch, daß seine starken Menschen der Zukunft Werte fabrizieren, an welche die beherrschte Masse als an letzte Werte zu glauben hat. Aber daneben steht immer seine Forderung, daß der starke Mensch ein Herr bleiben muß auch über seine Wahrheiten und Überzeugungen, jederzeit frei zu ihrer Verwerfung und Wandlung. Ihm war der höchste und schlechthin unbedingte Wert der freie, in metaphysischem Ernst autonome Mensch, mit dem Welt und Wert anfangen und aufhören, dessen Setzungen allein die Quelle aller Realität und Bindung sind. Verschlossen blieb ihm, daß im echten Leben alles darauf ankommt, daß wir auf die Wirklichkeit stoßen, über die wir nicht Herr sind, die sich uns sogar als Widerspruch entgegenstellt, den wir nicht entkräften oder einebnen, sondern nur als das kostbarste aller Geschenke entgegennehmen können. Wir kennen aus Nietzsches Zeit Fälle, in denen maßgebende Menschen und Genossen seiner Ich-Rebellion die Abkehr vom Wahn der Autonomie vollzogen. Dazu gehört Strindberg, von Nietzsche in den Overbeck-Briefen der letzten Monate 1888 mehrfach erwähnt als das „schwedische Genie", das sich ganz für ihn erklärt habe und in dessen Tragödie „Der Vater" er seine „Definition der Liebe auf eine grandiose Art zum Ausdruck gebracht" findet. Wenige Jahre darauf aber — meiner Erinnerung nach war es 1894 — schrieb Strindberg den Satz nieder: „Ich gab die Skepsis grundsätzlich auf, weil sie alles geistige Leben zu untergraben drohte", und leitete damit den Kampf um sein Leben ein, der ihn in letzter Stunde noch, wundenbedeckt und mit gebrochener Kraft, auf festeres Land rettete. Auch Baudelaire, Nietzsches Zeuge und Genosse im Nihilismus, erfuhr, freilich unter Förderung durch eine unheilbare Krankheit, die Verwiesenheit auf den Glauben als auf den einzigen Weg menschlicher Verwirklichung. Man sieht bei beiden den Instinkt für das Leben im Augenblick der höchsten Gefahr wirksam werden und die Umkehr herbeiführen. Bei Nietzsche aber — wenigstens in seinem Denken — ist die Festlegung auf das selbstherrliche Ich so unaufhebbar, daß an Stelle des Lebensinstinktes ein Todesinstinkt sich herausbildet, eine Lust an allem, was den Menschen widerlegt, gefährdet, eine echte Liebe zum Untergang. Für ihn blieb bis zum Ende Gott „eine faustgrobe Antwort . . . im Grunde sogar ein faustgrobes Verbot: ihr sollt nicht denken!".

Sprechender noch für Nietzsches Religionsblindheit sind die Aussagen des Ecce-Homo-Kapitels „Warum ich so klug bin". Man hört da einen Menschen, der an zahlreichen Stellen seiner Existenz religiös angeredet und in eine geistig-leibliche Verfassung gesetzt ist, die nach unserem heutigen Lebenswissen nur in religiöser Sprache zu deuten und zu bearbeiten war — diesen Menschen hört man sagen: „Eigentlich religiöse Schwierigkeiten zum Beispiel kenne ich nicht aus Erfahrung". Derselbe Mensch, der im Herausfall seines denkerischen Bewußtseins aus der Lebensbindung das klarste Zeichen der Erbsünde trägt, fügt hinzu: „Es ist mir gänzlich entgangen, inwiefern ich ‚sündhaft' sein sollte." Hier spricht eine völlige Unfähigkeit, den Lebensfall mit dem Fall der religiösen Aussage auch nur begrifflich zu identifizieren, die Anrede Gottes ausfindig zu machen in den ägyptischen Plagen seiner Krankheit, in der qualvollen Vereinsamung und Freundlosigkeit, in den schrecklichen Abendstunden der Hotelzimmer, in der grotesken Störbarkeit seines leiblichen und seelischen Gleichgewichts, im fortgesetzten Kampf mit Dämonen, deren er nur unter dem vollen Aufgebot des eigenen luziferischen Gegendrucks Herr werden konnte. Strindberg drang im Zuge seiner Umkehr zu der Einsicht durch: „Tröstet euch also und seid stolz auf die Gnade, die euch allen bewilligt ist, die ihr von Schlaflosigkeit, Alpdrücken, Erscheinungen, Angstzuständen, Herzklopfen heimgesucht und gemartert werdet. Numen adest. Gott verlangt nach euch." Nietzsche jedoch, der im übrigen gerade die leibseelischen Zusammenhänge ganz neu begriffen und herausgestellt hat, konnte infolge jener Brechung seiner Lebensinstinkte nicht einen solchen Gewinn aus den Mangelkrankheiten seiner Existenz ziehen. Er wußte wohl: „Fürchterliche Erlebnisse geben zu raten, ob der, welcher sie erlebt, nicht etwas Fürchterliches ist." Er wußte auch: „Wer mit Ungeheuern kämpft, mag zusehn, daß er nicht dabei zum Ungeheuer wird. Und wenn du lange in einen Abgrund blickst, blickt der Abgrund auch in dich hinein." Aber die Hand zu ergreifen, die ihn vom Abgrund zurückziehen konnte, hatte er sich selbst in jener Frühentscheidung verboten.

Wie gründlich damit die Sprache zwischen Nietzsches Gegenwelt und der christlich erkannten Wirklichkeit abreißt, erhellt oft aus nebensächlichen Bemerkungen klarer als aus den breiten Frontalangriffen. Er spricht über die Liebe zu Gott (in den Sprüchen und Zwischenspielen aus „Jenseits von Gut und Böse") und sagt: „Die Liebe zu Einem ist eine Barbarei: denn sie wird auf Unkosten aller übrigen ausgeübt." Hält man das gegen das christliche Wissen, daß nur in Gott und durch Gott irgend etwas geliebt werden kann, daß in der Gottesliebe alle Liebeskraft der Seele erst erwacht und daß nur in ihr die Liebens-Würdigkeit „aller übrigen" begründet ist, so zeigt sich unmittelbar Nietzsches völlige Unkunde schon über den psychologischen Ort der christlichen Gottesliebe, geschweige denn über die Gotteswirklichkeit in der Verkündigung Christi und der Apostel. In seinem Reden über alle grundlegenden Elemente, die das christliche Bewußtsein bilden, kommt durchgängig der hoffnungslose Abstand zutage, der sein Begreifen davon scheidet. Er hat dies selbst bezeichnet als einen „tiefen Unverstand gegen die Kirche, wie er zum Typus „freier Geist" gehört, — als s e i n e Unfreiheit". Er sieht die Elemente des christlichen Bewußtseins in einer Weise von außen, als Zaungast, als „Ausländer", die nur verständlich wird, wenn man seine uranfängliche Auswanderung in die Gegenwelt als ihre Voraussetzung begreift. Von sehr weit her kommt der Blick, mit dem er alles Christliche betrachtet („Der Teufel hat die weitesten Perspektiven für Gott, deshalb hält er sich von ihm so fern: — der Teufel nämlich als der älteste Freund der Erkenntnis"; vgl. „Jens. v. G. u. B." IV, 129) — und wie ein Reisender, der durch ein fremdes Land kommt und im Herzen nichts versteht vom Lebensgeheimnis, das in den Menschen dieses Landes wirkt, so daß er alle Einzelerscheinungen falsch deutet und falsch bezieht, so schiebt Nietzsche alles Christliche unter die jeweils unzutreffendsten Kategorien und bringt das Christentum selbst in abenteuerliche Nachbarschaften mit Nihilismus und Idealismus, mit Plato und Sokrates, mit Anarchismus und Judentum, mit Sozialismus und Orphik, mit den Kulten des Osiris, des Mithras und der Großen Mutter —, weil er in der größten Ferne lebt, auf der „anderen Seite" und deshalb nichts Unterscheidendes mehr wahrnimmt. Er ist in diesen Gleichsetzungen dem Anarchisten zu vergleichen, für den Bolschewismus und Faschismus auf derselben Linie liegen, nämlich auf der des Autoritätsstaates; oder mit dem Bolschewiken, der den Sozialdemokraten und den Konservativen als „Bürgerliche" in einen Topf wirft. Gemeint ist aber mit jenen sonderbaren Nietzscheschen Einreihungen des Christentums die Ablehnung alles Denkens und Glaubens, das irgendeinen, wenn auch noch so begrenzten Ausblick auf die Wirklichkeit des Menschen besitzt, das nicht den „freien", d. h. lebensmörderischen Geist im Menschen verherrlicht, sondern auf dem lebensgebundenen Bewußtsein beruht, und das schließlich — wenn auch auf ahnende, vorchristliche Art — die Tatsache der Sünde (der Absonderung aus der Fülle) und die Notwendigkeit der Heimholung (Erlösung) erkennt. Dies aussprechen, heißt zugleich feststellen, daß Nietzsches Kriterien gegenüber dem Christentum nur ihm selbst gehören und keinem andern zum Gebrauche freistehen. An den Erwerb solcher „Güter" sind Bedingungen geknüpft ...

Erleichtert werden Nietzsches wahnhafte Vermengungen des Christentums und seine vielfach grotesken Irrtümer über dessen Rolle in der Geschichte durch die Unbelehrtheit in historischen, religionsgeschichtlichen, theologischen Dingen, die Nietzsche eigen war. Aber man würde sich sehr täuschen in der Annahme, daß ein ausgebreiteteres Wissen die Grundrichtung seines Urteils hätte verändern müssen. Geist lebt aus existenziellen Parteinahmen, sein Urteil geht die Bahnen, die ihm durch unvordenkliche Wahl — im Ernst: die Wahl zwischen Gott und dem Widersacher — gewiesen sind. Ist diese Parteinahme so endgültig wie bei Nietzsche, macht sie sich so fest gegen die Anrufe, die ihm das Leben unaufhörlich bringt, dann kommt kein Wissen mehr gegen sie auf. Die Logik, die dann allein noch die Auseinandersetzung beherrscht, ist die aus Lafontaines Fabel vom Wolf und vom

Lamm. Erweist sich, daß nicht die „heimtückische, schleichende Bande" der Christen die antike Kultur zerstört hat, da diese schon seit dem dritten vorchristlichen Jahrhundert im Todeskampf lag, so waren es eben „Verwandte", geheime Vorwegnehmer des Christentums, die die Zerstörung bewirkten. Es ist heute ein Kinderspiel, Nietzsches widerchristliche Polemik, soweit sie sich in greifbaren Angaben bewegt, zu zerschlagen. Der blinde Affekt, der ihn bei dieser Polemik führt, stürzt ihn Schritt für Schritt in wilde Absurditäten, namentlich im Bezirk der Geschichte, so daß die Arbeit der Berichtigung fast nur als ein Opfer, als ein Hinuntergehen in geistiges Flachland geschehen kann. Bedenklich erhebt sich freilich die Personalbindung dieser seiner Irrtümer an seine große geistesgeschichtliche Leistung und Bedeutung; doppelt bedenklich in einer Zeit, welche diese Leistung aus guten Gründen lebhaft empfindet und daher geneigt ist, Nietzsche im ganzen als eine Autorität zu nehmen. Jenes Opfer wird deshalb in einer Vielzahl von Lebensfällen nicht zu umgehen sein, bis auf weiteres wenigstens, damit unnötiges Ärgernis beseitigt wird. Aber im Ernste gilt: wer heute noch angesichts der nachchristlicher Geschichte Europas (mit Einschluß des Weltkrieges) glauben kann, daß das Christentum den „Willen gebrochen", den Kämpfergeist gelähmt, die Völker entnervt, die Seelen der Welt entfremdet hat, dem wird auch durch den Nachweis des wahren Sachverhalts nicht wesentlich geholfen — so wenig, wie Nietzsche selbst damit „widerlegt" ist. Widerlegt — und zugleich in seiner geistesgeschichtlichen Bedeutung bestätigt wird Nietzsche nur durch das Aufdecken der letzten Gründe und Folgen seiner „Freigeisterei". Und auch diese Aufdeckung widerlegt ihn nur für diejenigen, die an der Menschengestalt interessiert sind und dieses Interesse p o s i t i v denken wollen. Dies aber ist es, was der Mensch der Gegenwart wahrhaft und unverstellt will. Der Tod lockt ihn nicht mehr, die Frömmigkeitsform der bacchantischen, der dionysischen Selbstzerstörung streitet wider seine gesundete

Konstitution. Er fühlt deutlicher als frühere Generationen, daß Nietzsche der Sprecher einer unnüchternen, von geheimen Rauschsäften benebelten Zeit war; einer Zeit, in der eine Untergangsschwüle, eine Götterschwüle das Leben störte. Nietzsche verspricht zwar „Leben", indem er die Entfesselung des „starken" Menschen und seine dionysische Weltschau verkündet. Aber an hundert Punkten zeigt sich, daß damit eine Auslieferung des Menschen an das Rasen verknüpft ist, eine Todestrunkenheit, die völlig vergessen hat, daß es menschenförmiges Dasein nur im Schutz schöpfungsgerechter Sicherungen gibt. Was mit Nietzsche einherkommt, ist, wie gesagt, eine Götterschwüle, in welcher die Götter ungefaßt, wolkenhaft entfesselt und in unschicklicher Grenzverletzung sich ins Leben mischen. Wohl hat Nietzsche in höherem Auftrag gehandelt, als er die Götter freimachte und ein schwelgerisches Dunkel des Todes in den übersicherten Lebensraum der Zeit hereinführte. Aber die Bändigung dieser Elemente zur *neuen* Nüchternheit konnte er nicht leisten. Er wußte nicht, daß die Götter nur durch Gott in ihre Schranken gerufen werden können. Nur Gott stiftet ewig die Nüchternheit und „klärt" die mit Dämonischem übersättigte Luft in jenen Gewittern, die in der antiken Tragödie dunkel geahnt werden und deren einzig lösender Blitz Jesus Christus ist*), das leuchtende Einswerden von Himmel und Erde, Gott und Mensch, rechte Verbindung und rechte Scheidung bringend, daß der Mensch fortan in *neuer* Weise die beiden großen Gewißheiten empfängt: die Gewißheit seines Lebens samt der verschwisterten Natur, und die Gewißheit der Verbindung nach oben. Nietzsches Denken aber *muß* immer diese beiden Gewißheiten voneinanderreißen und *muß* überall in Zerspaltung endigen, in tragischem Widerspruch zu seinem Willen,

*) Es sei im Zusammenhang mit Hölderlins Anschauung von Christus als dem Blitz auf Lukas 17, 24 verwiesen: „Denn wie der Blitz oben vom Himmel blitzt und leuchtet über alles, das unter dem Himmel ist, also wird des Menschen Sohn an seinem Tage sein." Doch spricht dieses Wort vom Jüngsten Tage.

endlich zur großen Vereinheitlichung des Menschen durchzustoßen. Gerade das heutige Ideal des Vollmenschen, das aus echter Geschichtstiefe kommt, bestimmt unsere Abgrenzung gegen Nietzsches gigantische Fehlkonstruktion des starken Zukunftsmenschen. Denn diese Konstruktion weiß nichts von des Menschen Totalität, d. h. von seiner Teilhabe an zwei gekreuzten — und daher im Kreuzzeichen anschaubaren — Verweisungen. Sie weiß nichts von dem einzigen Wege, auf dem wir zum guten Gewissen des vollen Umfangs unserer Existenz gelangen.

Der Angriff auf die Natur: Fragestellung

Es ist eine Frage, die mitten in die Sache trifft, eine Frage, die für unser heutiges Verhältnis zu Nietzsche entscheidende Bedeutung hat: ob sein Weg denn in der Tat, wie tausendfach seit ihm selber behauptet worden ist, die menschliche Naturgewißheit mit einer vorher nie dagewesenen Festigkeit errichte, ob das unschuldige Leben und das Ja zu ihm in Nietzsches Bereich froh und irdisch aufblühe? Ob der Zusammenhang von Leib und Seele bei ihm endlich die Ehre und Ehrfurcht finde, die das christliche Denken — wie er meint — nicht gekannt hat? Ob die Freude am Leibe, das Bekenntnis des Geistes zu Leib und Natur endlich bei ihm wirklich werde und seine unerschütterliche Stütze finde? Die Liebe zwischen Mann und Weib — hat sie in ihm endlich den großen philosophischen Troubadour gewonnen, der sie verherrlicht? Der dunkle starke Trieb, die mächtige Leidenschaft, der Eros, — von dem er behauptete, das Christentum habe ihm Gift gegeben und ihn zum Laster gemacht —, holt Nietzsches Weisheit sie endlich aus dem Finstern herauf, gibt sie ihnen endlich durch das Ja des Geistes die Würde zurück, die sie einstmals umstrahlte? Der Mensch des einfachen Lebens, das Volk vor allem mit der natürlichen Kraft, Frische und Richtigkeit seines erdeverwurzelten Daseins, weiß Nietzsche sie neu zu würdigen, weiß er an sie zu glauben und ihnen zu trauen?

Nietzsches Schriften und Briefe geben auf diese Fragen an hundert Stellen eine Antwort, und immer ist ihr Endsinn ein Nein. Es ist klar, daß Weib, Liebe, Ehe, als Erscheinungen und Bereiche des Naturhaften und des dem Geiste Widersprechenden, sein Denken unausgesetzt beschäftigen mußten. Aber durch alle seine Aussagen darüber zieht sich — bei einem verwirrenden Schillern der Stimmungen und Standpunkte — eine Grundhaltung des Nicht-Teilnehmens, des Ausgestoßenseins, des scharfäugigen Belauerns und des oft zu eigner Pein geübten Entlarvens. Es ist die Haltung eines Bewußtseins, welches den geschlechtlich-erotischen Bezirk nicht gläubig annehmen kann, sondern mit immer erneuertem Mißtrauen abstoßen muß. Erschreckend oft kommt eine tiefe Verkehrtheit, eine Brechung der Instinkte zum Ausdruck, verbunden mit einem heillosen Fehlgreifen der psychologischen Deutungen. Aus alledem errichtet sich das Bild eines Geistes, der durch sein Auswandern in die Gegenwelt nicht eine neue Naturbeziehung gewinnt, sondern geradezu den Urfall des totalen Naturverlustes wiederholt.

Der Angriff auf die Natur: Liebe

Einen Zug zu diesem Bilde liefert schon die Strindberg-Torheit, die Nietzsche gelegentlich wagt, das Weib — die ganze „eine Hälfte der Menschheit" — als typisch krank, dekadent, defekt zu betrachten und zu bezeichnen. Sie liegt auf der Linie seiner zahlreichen andern Argumente, die das Weib der konstitutionellen Geistes- und Charakterschwäche, der verschiedensten sittlichen

Mängel beschuldigen, mit mehr oder weniger Ernst — Spiele eines seit Jahrhunderten bekannten Typus der verantwortungslosen Starkgeisterei. Viel ernster kommt Nietzsches Absage an Natur und natürliche Menschengestalt zum Vorschein, wenn wir in „Jenseits von Gut und Böse" lesen: „Verworrenheit der Mittel, die Ehe aufrechtzuerhalten: das Weib glaubt, prädestiniert nur für diese zu sein. In Wahrheit ist alles gemeiner Zufall, und hundert andere Männer täten ihr ebenso gut. Sie will gehorchen, sie arbeitet für den Mann und denkt und sagt: ‚was habe ich alles für dich getan!' — aber es war nicht für „dich", sondern für irgendeinen, der ihren Trieben gerade in den Wurf kam." Was Nietzsche hier angreift, ist der Vorgang, daß der Mensch aus dem Material der unumschriebenen, subjektiven Triebwallungen ein bestimmendes Erlebnis gewinnt; daß er den „gemeinen Zufall" als Weisung, den freischweifenden Trieb als ein „zu Dir! für Dich!" erfährt; daß er aus einem an sich nur wogenden, brauenden, chaotischen Element feste Bindung und einmaliges Schicksal, ein gezieltes Verhältnis und eine dauernde Lebensgestaltung erwirbt; daß er sich, mit einem Wort, in der Triebsphäre als Mensch verhält, statt sich von ihren anonymen und fessellosen Gewalten in Fetzen auseinanderreißen zu lassen. Es ist ohne weiteres eine Absage an die Menschengestalt, was hier ausgesprochen wird, eine Absage an jenes zutiefst Echte und Verehrungswürdige in der Natur des Menschen, welches diesen befähigt, sich durch den Trieb als Person ansprechen und total verpflichten zu lassen. Nicht einmal und nebenher, sondern vielfach und immer als zentral verbindliche Grundauffassung trägt Nietzsche diese seine Psychologie der Liebe vor; so in „Jenseits von Gut und Böse": „Das Weib will es vor sich selber nicht Wort haben, wie sehr es in einem Geliebten ‚den Mann' (einen Mann) liebt; deshalb vergöttlicht es ‚den Menschen' in ihm"; so weiterhin, und noch gröber, in der Zeit der „Fröhlichen Wissenschaft": „Beim Geschlechtstrieb begehrt eine Person nach der andern als dem Mittel, um den Samen los zu werden oder das Ei zu befruchten. Dies gerade weiß der Intellekt nicht: er fragt, warum dies Begehren? Er erwägt, was alles eine Person begehrenswert macht, und sagt jetzt: es muß jene Person diese begehrenswert machenden Eigenschaften alle haben!" Unschwer erkennt man hier jene Erklärung „von unten her", wie wir sie schon bei Nietzsches Deutung des religiösen, wissenschaftlichen und sittlichen Menschen am Werke sahen; die Erklärungsweise der zerstörerischen Entlarvung, mit der Nietzsche ständig die Abräumung, die Zersetzung der ganzen Welt des Denkens, der sittlichen Werte und sogar des menschlichen Empfindens betreibt. Angriffe auf die Natur des Menschen und vor allem auf den „natürlichen Menschen" selbst; Angriffe auf sein Ernstnehmen des Geschlechtstriebes und auf dessen ehrfürchtige Annahme durch den Geist; Angriffe auf den Geschlechtstrieb selbst (der für Nietzsche das „widerliche Geheimnis" jeder Ehe bildet, als Zeugungsakt) — und schließlich Angriffe auf das Zusammenhängen von Eros und Geist, also von Leib und Geist-Seele, welches gerade im natürlichen Menschen das geschlechtliche Erlebnis ins sittliche Bewußtsein hinüberschlagen und dort „zünden" läßt.

Wenn Nietzsche dagegen seine Weisheit setzt, unter dem spottenden Stichwort „Herzensbedürfnisse": „Die Tiere, welche eine Brunstzeit haben, verwechseln nicht so leicht ihr Herz und ihre Begierde: wie es die Menschen und namentlich die Weibchen tun" — wird da nicht sofort klar, daß dies Widernatur gegen Natur stellt, Verwesung und Zersetzung gegen gesundes Leben, späte, überintellektualisierte Abstraktion gegen frische Lebenseinheit? Es ist ein eindrucksvolles Schauspiel, zu sehen, wie ein Geist von Nietzsches Höhe, Adel und Seelenfeinheit gerade vor natürlichen Dingen ins Irrereden gerät, weil die trotzige Auswanderung aus Gottes Schöpfung die Voraussetzung seines Denkens geworden ist. Er zitiert oft mit Beifall Baudelaires Aussprüche über Weib und Liebe, und immer sind es Aussprüche, in denen Baudelaires „Satanismus" sich zum Worte meldet, mit der Wendung gegen Natur und natürliches Leben. Selbst Baudelaires narrenhaften Superlativ „Die einzige und höchste Lust der Liebe liegt in der Gewißheit, das Böse zu tun (in der Geschlechtsbegegnung)" findet er des Aufzeichnens wert, ohne ein Gefühl dafür, daß dies nur aus zerstörter Lebenseinheit gesagt werden kann, wo das frech emanzipierte Bewußtsein das Geschlechtliche als Herabwürdigung und Quelle einer sadistischen Lust empfindet. Bei Baudelaire kann man freilich auch klar vernehmen, was dies für das Naturverhältnis des so Empfindenden bedeutet: „Die Frau ist natürlich — mithin abscheulich", heißt es in seinen Tagebüchern. Mag Nietzsche nicht mit dieser unverhüllten Offenheit sprechen, so zeigt er doch seine Fremdheit vor dem weiblichen Wesen als vor etwas Naturnäherem, Einfacherem auf mancherlei Weise. Er redet von den Frauen, als habe er nie eine Mutter gesehen, als könne er sich weibliche Lebenstüchtigkeit nur in Verbindung mit lederner Gewöhnlichkeit vorstellen — oder als kenne er außer dem Blaustrumpf, der Köchin, der Hure höchstens noch das Weib als Genußobjekt, als gefallsüchtiges, lächelndes Spielzeug, dessen Amt es ist, als „feineres und leichteres Wesen" das Entzücken und die Erholung „aller sehr gespannten und tiefen Männer" zu bilden. Die Frau als die Pflegerin und Lebensgefährtin, als die Miterbauerin jedes heimatlichen Herdes, als geheime Sonne jeder echten Familie, als Stifterin jedes menschenwürdigen Zusammenlebens klingt in seinen Aussagen niemals an. Er hat sich, gleich Strindberg, Verdienste in der Bekämpfung der törichten „Frauenemanzipation" erworben, aber auch über Goethes Gretchen weiß er nichts Besseres zu sagen, als daß es unter die „unreifen, geistig armen und demütigen Volksweiberchen" gehöre, die ihm ein Zeugnis für den schlechten Geschmack unseres Jahrhunderts bilden. Über die Mutterliebe notiert er („Jenseits v. G. u. B."): „Der Unsinn in der Mutterliebe. Alle Liebe, wo nicht die Einsicht entsprechend groß ist, richtet

Unheil an." Das ist insofern für sein Abseits bezeichnend, als er nicht einmal den Begriff der Mutterliebe freizuhalten weiß von intellektuellen Wertgesichtspunkten: als ob nicht das Große der Mutterliebe gerade darin läge, daß sie weder verdient werden kann noch verdient zu werden braucht! Aber er weiß von der Liebe überhaupt nichts Rechtes, da sie als Schöpfungsgrundkraft ihm, dem Ausgewanderten, nur von ferne bekannt ist: „Gegenliebe entdecken", sagt er in seinen Sprüchen, „sollte eigentlich den Liebenden über das geliebte Wesen ernüchtern: ‚Wie? es ist bescheiden genug, sogar dich zu lieben? Oder dumm genug? Oder — Oder'" Hat ein Liebender je so gedacht? Hat er, wenn er seinen Unwert, geliebt zu sein, schmerzlich empfand, daraus je ein Gefühl der Verachtung gezogen gegen den, der ihn liebt? Hat nicht die Erfahrung des dennoch Geliebt-Werdens die Seelen gerade am mächtigsten ergriffen und sie hinausgerufen über den Bezirk, wo Liebe nur etwas zwischen zwei Menschen ist, in den unbegrenzten Liebeskosmos, dessen Riesenkräfte jede Einzelliebe ernähren und wo von einem Verdienen der Liebe keine Rede mehr sein kann? Nietzsche hat sich mit Heftigkeit gegen den — von ihm radikal mißverstandenen — Begriff von Lohn und Strafe und Verdienst im Christentum gewandt — aber daß Liebe „verdient" werden müsse, daß sie mit Wert und Einsicht zu tun habe, das erlaubte er sich zu glauben! Und das ist Zerfall mit Natur und Leben.

Nietzsche hatte ein Bedürfnis nach Liebe, das nur der ermessen kann, der einen Begriff von seiner metaphysischen Vereinsamung besitzt. Seinen Privatmythus von Ariadne durchweht wie ein Föhn die herznagend-schwermütige Sehnsucht nach der Geliebten als dem schlechthin rettenden, sakramentalen Menschen. Die „Kälte" der Region, in welche sich der abgefallene Ich-Geist aus eigener Wahl begibt, ist von ihm mit aller Schärfe empfunden worden. Eis, Gletscherhöhe, Felsenstarre sind die erlebten Motive seiner Seelenlandschaft. Eines seiner tiefsten

Worte über den „Zarathustra" ist das in einem Brief an Overbeck (1887): „Dagegen will ich keinen Augenblick leugnen, daß ein anderes Faktum mir schrecklich weh thut und mir auch beständig gegenwärtig ist: daß in eben diesen fünfzehn Jahren auch nicht Ein Mensch mich „entdeckt" hat, mich nöthig gehabt hat, mich geliebt hat, und daß ich diese lange erbärmliche schmerzenüberreiche Zeit durchlebt habe, ohne durch eine ächte Liebe getröstet worden zu sein. Mein ganzer „Zarathustra" ist aus dieser Entbehrung gewachsen — wie unverständlich muß er sein!" Aber seine sämtlichen Aussagen über die Liebe zeigen seine lebensmäßige Unbereitschaft zur Liebe und sein völliges Nichtwissen über sie, beides aus der Unfähigkeit, sein Ich in die Beziehung mitzubringen, es hinzugeben und einzusetzen — weil er es metaphysisch verstarrt und versteinert hat. Erschütternd redet zu uns seine Klage über die Wirkung des „Zarathustra", im Anschluß an die soeben zitierten Worte: „Welche absurden Erinnerungen habe ich in Hinsicht auf die Wirkung, die er gemacht hat! Er hat erbittert, wenigstens eine gewisse Art von Menschen: dies ist bisher seine einzige tiefere Wirkung gewesen." Aber die hier gegebene Wahrheit ist die, daß das im Abfall vom Leben versteinerte Ich, wieviel Bedürfnis nach Liebe sich auch in ihm häufe, ein Block objektiven Hasses ist, ein Block objektiver Kälte, der seinem Wesen nach die heranstreifenden Wärmeströme der Liebe abstoßen muß. Dieses abseits getretene Ich hat sich selbst um die Teilhabe am großen Liebeskosmos gebracht — um ein Natur-Erbe, das von der Schöpfung her jedem Wesen gegönnt ist. Und wie ihm dieses verloren geht, so geht ihm die Natur überhaupt verloren. Seine Organe der Naturergreifung müssen verkümmern, es muß im großen Lebenszusammenhang, in dem alles auf Gegenseitigkeit beruht, seinsmäßig den Selbsteinsatz verweigern, es muß der Natur, dem Leben, der Wirklichkeit ständig entlaufen. Nietzsche zitiert am Schluß seiner Sprüche im „Jenseits v. G. u. B." das Wort Napoleons: „En amour, la seule victoire est la fuite." Mag man dieses Wort — das ersichtlich Nietzsches Zustimmung hat — als eine starknervige Geistreichelei aus dem Sinn des 18. Jahrhunderts auffassen, mag man es verstehen aus dem Standpunkte des Großen Menschen, der sich für seine Aufgabe freihalten muß — es wirbt für ein Davonlaufen vor der Liebe; und die Flucht vor der Liebe ist eine Flucht vor der Natur.

Kennzeichnend für das, was sich in Nietzsche gegen die Naturgewalt der Liebe sperrt, ist oft mehr der Ton seiner Ausführungen als der buchstäbliche Inhalt, eine Sprechweise des Belauerers und Zaungastes, des unbeteiligten und hämischen Zuschauers — bei Nietzsches feinem und wahrhaft adeligem Herzen, das nie eine persönliche Rancune kannte und im praktischen Lebensbereich, da wo der böse Geist nicht das Wort hatte, etwas Strahlendes an Güte hinauslebte! Aus welch einem Abgrund böser Fremdheit kommen Feststellungen wie die des „Willens zur Macht": „Die Muskelkraft eines Mädchens wächst, sobald nur ein Mann in seine Nähe kommt; es gibt Instrumente, dies zu messen", oder: „(Der Liebende) wagt jetzt, wird Abenteurer, wird ein Esel an Großmut und Unschuld . . . und andrerseits wachsen diesem Idioten des Glückes Flügel und neue Fähigkeiten". Immer wieder fallen Nietzsches Beobachtungen in diesen Ton, der physiognomisch nichts anderes anzeigt als die böse und objektiv haßvolle Kontrolle eines sehr wachen, unheimlich schlaflosen Bewußtseins, dem alle Natur bitter eingeht. Gerade dem „unschuldigen Leben" kann dieses Bewußtsein in keiner Weise zustimmen. Es kann ihm nicht trauen, weil es durch eine unüberschreitbare Kluft von ihm geschieden ist. Es weiß sich in der Liebe immer nur „genarrt": „Man wird fein genarrt, wenn man fein ist; man wird grob genarrt, wenn man grob ist: aber die Liebe, und selbst die Liebe zu Gott, die Heiligen-Liebe ‚erlöster Seelen', bleibt in der Wurzel eins: ein Fieber, das Gründe hat, sich zu transfigurieren, ein Rausch, der gut tut über sich zu lügen." Baudelaire nannte die Liebe Prostitution, für Nietzsche ist sie ein Fieber und ein illusionistischer Betrug; beide geben der Liebe das Vorzeichen der Illegitimität, und bei beiden fließt dies aus der Frühentscheidung gegen die Natur.

Gerade in einem Bereich also, wo die Natur als Triebgewalt am unzweideutigsten einherkommt — im Geschlechtlichen, in der Fortpflanzung, in der Ehe und Liebe —, erteilt Nietzsche ihr die konsequentesten Absagen. Hier am allerwenigsten traut er ihrer Führung und ihrem Eigenrecht, hier am allermeisten weigert er ihr die Macht, den ganzen Menschen zu binden. Die bewußte Einsicht ist es, die seiner Meinung nach hier allein die Führung haben darf. Weit entfernt, im Geschlechtlichen den Geltungsbereich der Natur zu erweitern, sucht er sie hier am allerstrengsten unter das Joch des Intellektes zu bringen. Züchtung aus Wertgesichtspunkten tritt ihm überall an die Stelle der im Triebleben geschehenden Wahl, und während er in seinem Denksystem unaufhörlich die geistige Wertwelt bekämpft durch die Geltendmachung des Leibes als einer „höheren Vernunft", als des Trägers und Bringers aller lebensrichtigen Entscheidungen, strebt er den Leib gerade da, wo er die legitimsten Weisungen verwaltet, unter die Fremdherrschaft des Verstandes zu bringen. Zwar weiß er: „Die Menschheit wäre ausgestorben, wenn der Geschlechtstrieb nicht einen so blinden, unvorsichtigen, eilfertigen, gedankenlosen Charakter hätte" — aber sein ganzes Denken über diese Dinge läuft darauf hinaus, dieser Blindheit und Gedankenlosigkeit ein Ende zu machen. „Die Erlaubnis, Kinder zu zeugen, sollte als eine Auszeichnung verliehen werden und auf jedem Wege dem so üblichen geschlechtlichen Verkehre der Charakter eines Mittels der Fortpflanzung genommen werden: sonst werden immer mehr die niedrig gesinnten Menschen die Oberhand bekommen, denn die höheren Geister sind nicht zu eilfertig in erotischen Dingen." Als ob sich der kulturell wertvolle Blut-Erbstrom eines Volkes über die „höheren Geister" leite! Als ob eine gesunde, frische

Leiblichkeit nicht viel höhere Garantien für eine lebensvolle Nachkommenschaft biete! Als ob es ein besseres Rezept für die Erzielung „niedrig gesinnter Menschen" gäbe, als die Drosselung des Fortpflanzungstriebes durch feiges Gedankenwerk und rechnerische Absichtlichkeit! Nietzsche streift gelegentlich dabei eugenische Gedankengänge, und hier — wenn er z. B. rät, den Verbrecher an der Fortpflanzung zu verhindern — werden wir ihm gerne folgen. Auch wenn er später im „Willen zur Macht" eine Begünstigung der kinderreichen Familie, ein ärztliches Zeugnis vor der Eheschließung verlangt, findet er ohne Zweifel die Zustimmung einer Zeit, welche das Unkraut im Acker des Volkslebens vorbeugend zu bekämpfen entschlossen ist; sie kommt damit einer Aufgabe nach, welche als privatmoralische Verpflichtung seit langem besteht. Aber diese eugenischen Hinweise sind bei Nietzsche nur Nebenergebnis innerhalb eines generellen Strebens, die Triebsphäre grundsätzlich zu verdächtigen, ihr Leben grundsätzlich vom „Geiste" her zu brechen. Er stellt die Maxime auf: „Nur heiraten, erstens zum Zwecke höherer Entwicklung, zweitens um Früchte eines solchen Menschentums zu hinterlassen. — Für alle übrigen genügt Konkubinat, mit Verhinderung der Empfängnis. — Wir müssen dieser plumpen Leichtfertigkeit ein Ende machen. Diese Gänse sollen nicht heiraten! Die Ehen sollen viel seltener werden! Geht durch die großen Städte und fragt euch, ob dies Volk sich fortpflanzen soll! Mögen sie zu ihren Huren gehen!" Muß man gewiß auch von diesen Sätzen manches abziehen, was auf Rechnung einer augenblicklichen Gereiztheit gehen mag, so behalten sie doch ihr Gewicht als Absagen an das Walten der Naturmächte im Entstehen erotischer Sympathien, im Entstehen der Familie, als schwere Fehlschätzungen des einfachen Volksmenschen — nicht zu reden von dem schauerlichen Angriff auf das Leben überhaupt, der in der Weisung liegt: Verdammung der weit überwiegenden Mehrheit zur „freien Liebe" ohne Zeugung. Hätte nicht gerade ein Denker, der sogar Gott zu opfern bereit war, um den Menschen nach **unten** hin zu vereinheitlichen, am ehesten begreifen müssen, daß ein solches dauerndes Auseinanderreißen von Sexualgeschehen und Zeugung mit Sicherheit zur leiblichen, seelischen und geistigen Verjauchung alles Menschenlebens führen werde? Wenn ihm Seele und Geist des Menschen gleichgültig waren: mußte ihm nicht vor Augen stehen, daß schon das leibliche System an sich diese Spaltung nie ertrüge, so wenig, wie eine Pflanze es erträgt, wenn sie dauernd am Fruchtbringen verhindert wird? Alte, finstere Erinnerungen aus der Geschichte menschlicher Irrungen tauchen auf und zeigen, was bei Nietzsche nur bevölkerungspolitische Gedankensünde ist, in „religiösem", und zwar nihilistisch gerichtetem Zusammenhang; so die gnostische Sekte der Karpokratianer, von denen es heißt, daß sie, obgleich sie sich miteinander begatteten, die Zeugung von Kindern verboten; so noch Baudelaire mit seinem hymnischen Sonett auf „la froide majesté de la femme stérile". So hoch Nietzsche als sittliche Person über der damit bezeichneten Ebene steht, das Heraustreten seines Geistes aus der Lebensbindung macht ihm Gedanken möglich, die dorthin gehören, wo man das Leben nicht will und der Natur tief mißtraut.

Der Angriff auf die Natur: Gefühl

Wir sprachen oben davon, daß Nietzsches Absage an alles Nicht-Leibliche im Menschen auch eine Absage an die Welt der **Empfindungen** in sich schließt — eine Absage also an diejenige Strecke der Menschennatur, die am unzweideutigsten „Natur" und vom Begriff des Lebens, sogar weit über den Menschen hinaus, nicht zu trennen ist. Ein Satz aus der Zeit der „Fröhlichen Wissenschaft" lautet: „Grundfalsche **Wertschätzung der empfindenden** Welt gegen die tote. Weil **wir** sie sind!

Dazu gehören! Und doch geht mit der Empfindung die Oberflächlichkeit, der Betrug los: was hat Schmerz und Lust mit dem wirklichen Vorgang zu schaffen! — Es ist ein Nebenher, welches nicht in die Tiefe dringt . . . Die „tote" Welt: ewig bewegt und ohne Irrtum, Kraft gegen Kraft! Und in der empfindenden Welt alles falsch, dünkelhaft!" Man sieht Nietzsches Denken auf etwas Großes zielen: aus der Unruhe und Unzuverlässigkeit des bloß gefühlsmäßig-subjektiven Erlebens hinüber ins Bereich des Objektiven, an sich Gültigen. Und dieses Streben zeigt Zusammenhänge mit allen jenen Denkwegen, auf denen der menschliche Geist seit je seine Eigenheit, seine Wirklichkeitsschau, seine freche oder fromme Freiheit zu gewinnen suchte; so mit Eleaten, Sophisten, Sokratikern und Pyrrhonikern, nicht zuletzt auch mit stoischer oder christlicher oder idealistischer Entsentimentalisierung. Aber wie in dem Prozeß, den er dem Geiste macht, faßt Nietzsche auch hier den Gegner „unendlich" und verliert damit den wirklichen Menschen. Die Selbst- und Zeiterfahrung des freigesetzten Geistes stürzte ihn in das Unternehmen, die geistige Sphäre überhaupt auszuklammern. Die Erfahrung der freigesetzten Empfindung läßt ihn die Gefühlssphäre überhaupt verwerfen. Auch hier handelt er aus einer Erfahrung der Zeit, welche weithin den sentimentalen Zug zeigt, und zugleich aus einer quälenden Selbsterfahrung, die sich in den Briefen vielfach unmittelbar, in den Schriften mittelbar, aber nicht weniger deutlich bezeugt. Wir hören von der großen, fast grotesken Störbarkeit seines seelischen Gleichgewichtes. Wir hören, daß ganz geringfügige Gemütsbewegungen tagelang, wochenlang in peinlichster Weise nachwirken, daß er wehrlos offenliegt für ein fast magisches Mitfühlen mit dem Nebenmenschen (sobald er ihn wirklich vor sich hat). Eine Bemerkung wie die aus seinen Sprüchen und Zwischenspielen: „Es ist unmenschlich, da zu segnen, wo einem geflucht wird" — worin kann sie begründet sein, wenn nicht in einem tiefen Mitleid mit dem Fluchenden, dem der Segnende gewissermaßen

Stand und Boden unterm Fuß fortnimmt; freilich einem luziferischen Mitleid, welches die Verwandlungskraft des echten Segnens nicht kennt. Er empfindet die Wehrlosigkeit gegen das Mitgefühl, den Mangel an Schutz- und Trutzwaffen als schwere Belastung seines Lebens mit andern: „Und immer mehr sehe ich ein, daß ich nicht mehr unter Menschen passe — ich mache lauter Thorheiten (ich bin, im Vertrauen gesagt, 1. viel zu aufrichtig und 2. bis zum Exzeß gutmüthig, so daß alles Unrecht immer auf mir liegen bleibt) . . . ich bemühe mich, allen denen gegenüber wohlwollend und gerecht zu sein, welche es nicht gegen mich sind" (Brief an Overbeck, Januar 1883). Es ist nicht müßig, nach dem Grunde dieser widerstandslosen Ergreifbarkeit zu fragen. Sie findet ihre Erklärung in der grundgegebenen Seinsschwäche einer Persönlichkeit, welcher bei aller Genialität das innere Zusammenhängen der geistigen und der vitalen Instanzen, somit die Verwirklichung und eigentliche Individuation fehlt. Mit der Verwirklichung mangelt ihr die daseinsfeste Gestalt und mit dieser die Rüstung. „Ich bin nicht hart genug", lautet seine Klage, und was er da meint, ist nicht Härte eines besonderen Grades, sondern jenes Minimum an Kontur und Hülle, das überhaupt erst von „Gestalt" zu reden erlaubt. Unvollzogenes Bewußtsein, unrealisiertes Ich; ungeborenes Wort; Kontrastideologien des in einer Gegenwelt festgemachten Individuums, des „langen Willens", der Selbstverhärtung — das alles wurzelt hier; dazu das Streben über das mangelhafte Selbst hinaus: „Ich habe mich so satt" (1877) — „Meine Gedanken bringen es mit sich, daß ich mir zehnmal jedes Tages zurufe, was liegt an mir! (Dies ist die Art, mir Muth zu machen)" (1880) — endlich, als ein kindlicher und dabei furchtbarer Ausdruck der Pressung, unter der er steht, das Briefwort an Overbeck vom Februar 1884: „Wie gerne möchte ich mit Dir und Deiner lieben verehrten Frau zusammen lachen (mich über mich selber totlachen!!!)."

So hat die Qual, der sein Lebensgefühl auch von der Empfindungssphäre her ausgesetzt ist, durchaus eine Beziehung zu seiner metaphysischen Seinslage; und die Folgerungen, die sich ihm ergeben, führen in derselben Weise über Menschenmaß und Menschennatur hinaus wie seine Folgerungen aus der Lebensstörung durch das freigesetzte Bewußtsein. „Laßt uns", so fahren seine Bemerkungen über die empfindende und die tote Welt fort, „die Rückkehr ins Empfindungslose nicht als einen Rückgang denken! Wir werden ganz wahr, wir vollenden uns. Der Tod ist umzudeuten! Wir versöhnen uns so mit dem Wirklichen, das heißt mit der toten Welt." Gewiß sendet Nietzsche solche Gedanken oft nur versucherisch, wie Späher, aus, um Grenzen zu ertasten; wie ja immer eine Möglichkeit positiver Nietzsche-Interpretation gegeben ist von der Seite her, wo wir die abenteuerlichen Vorstöße seines Denkens als neue, durch Wagnis und Erfahrung gehende Grenzfeststellungen des Menschenlandes wirken sehen. Aber das ändert nichts daran, daß der Gedanke des angeführten Satzes für Nietzsche eine Bedeutungsschwere an sich hat: Wirklichkeitsgewinn durch ein Rückgängigmachen des empfindenden und des denkenden Lebens, durch eine „Erlösung vom Leben"! Denn das Tote (wir würden in heutiger Sprache sagen: das Unorganische) „ist nicht der Gegensatz, sondern der Mutterschoß, die Regel, welche mehr Sinn hat als die Ausnahme; denn Unvernunft und Schmerz sind bloß bei der sogenannten zweckmäßigen Welt, im Lebendigen". Das „Tote" zeigt sich hier — wie auch sonst vielfach — mit einem Erfüllungswert ausgestattet, der es dem buddhistischen Nirwana annähert, und der uns vor die Frage führen kann, ob sich Nietzsches Weltanschauung als verleugneter, als nicht angenommener Buddhismus betrachten läßt. Hat seine Religion dionysischer Lebensverherrlichung nicht ein quietistisch-lebensflüchtiges Ideal im Leibe? Ist sie nicht ihrem Wesen, ihrem Material nach verwandelte Todlust? An Overbeck schreibt er im Dezember 1885, im Gedenken an die Leidenszeiten, in denen der „Zarathustra" entstand: „Ich will keinen Tag von den drei letzten Jahren zum zweiten Male durchleben.“ Und doch hat der Mann, der das sagt, bereits (seit 1880) den Gedanken in sich, welcher befiehlt, welcher den Wert von Menschen und ganzen Rassen davon abhängig macht, daß jeder gelebte Tag und Augenblick genau so wieder gelebt werden wolle, in einer unzählbaren Folge von kosmischen Wiederholungen. Nicht, weil das Leben für Nietzsche so erwünscht, sondern weil es ihm so schrecklich ist, zwingt er sich in die Hölle der ewigen Wiederkehr hinab. Er gebietet sich, das Furchtbare und nie zu Lebende zu *lieben*, in seinem amor fati. Die Fähigkeit, das Leben *als* das Furchtbare zu lieben, bildet ihm schließlich das Ausleseprinzip der kommenden Menschheit: „Es ist der große *züchtende* Gedanke: die Rassen, welche ihn nicht ertragen, sind verurteilt; die, welche ihn als größte Wohltat empfinden, sind zur Herrschaft ausersehen.“ Das heißt: diejenigen Rassen (und Einzelmenschen), welche *gegen menschliche Grundnatur* zu leben wissen, sollen die Herrschaft haben. Welchem Zweck hat diese Herrschaft zu dienen? — Keinem andern, als jener Aufhebung der uns bekannten Menschengestalt, welche Nietzsche, durchaus folgerichtig, seit dem „Zarathustra“ unaufhörlich fordert als „Überwindung des Menschen“. Eine Notiz aus dem nachgelassenen Material zum „Zarathustra“ sagt: „Beherrschung der Menschheit zum Zweck ihrer Überwindung. — Überwindung durch Lehren, an denen sie zugrunde geht, ausgenommen die, welche sie ertragen.“

Der Angriff auf die Natur: Menschengestalt

So kehrt sich hier alles, dicht zusammenhängend, gegen die Natur des Menschen. Das in Nietzsche (als in einem großartig „mißglückten“ Menschen) gewachsene Ideal des geistfreien Lebens fordert die Austilgung des uns bekannten Geschöpfes „Mensch“.

Diese Austilgung kann nur erfolgen durch Lehren, die sich gegen die Natur dieses Geschöpfes wenden und ihm daher tödlich sind. Zur Durchsetzung dieser Lehren ist ein weitverzweigtes System von Gewalt und List erforderlich, welches die geistige Vergiftung den Opfern aufzwingt und getragen ist von einer herrschenden Schicht, in der das Unmenschentum bereits feste Gestalt und Überlieferung geworden ist. Es hängt alles dicht und sogar logisch zusammen; es muß „nur" an die Möglichkeit dieses Unmenschen geglaubt werden. Es muß geglaubt werden an die Möglichkeit eines Lebewesens, das wie ein Mensch aussieht und handelt, obwohl in ihm gerade das, was allein die Menschengestalt hervorbringt, getilgt ist. Ein Wesen, welches spricht, obwohl ihm die Zunge ausgerissen ist; welches anschaut, obwohl es sich des Abstandes beraubt hat; welches denkt, strebt, gestaltet, Bewußtsein und Gedächtnis hat, obwohl alle Spannungen in ihm eingeebnet, alle Distanzen aufgehoben sind und lauter schreckliche „Mittage" — statt strömender Zeit — über ihm stehen, lauter gleichgültige Augenblicke einer gleichgültigen Erfülltheit. Wie verführerisch klingt Nietzsches Lobpreis dieses gläsern stillen, goldenen Mittags, wie weiß er dem Lied vom ewig rollenden Rad und Jahr des Seins eine Zaubermelodie zu geben! Aber gerade dasjenige in uns, welches diese Melodie zu hören und zu würdigen vermag, ist in seinem Menschenbilde getilgt.

„Der Mensch sei ein Anlaß zu etwas, das nicht Mensch mehr ist" — „Die Vernichtung der Illusionen, auch der moralischen Illusion — als das große Mittel der Überwältigung der Menschheit (ihrer Selbstzerstörung!)" — wie oft hat man diese und hundert gleichlaufende Worte klein und gefällig interpretiert, als paßten sie ohne weiteres in Europas Welt, als bedeuteten sie ein Kulturprogramm oder sonst etwas, wie es Menschen für Menschen erdenken! Aber man soll wagen, diese Worte dem Sprecher zu glauben, mindestens a u c h zu glauben neben dem andern, das man ihm glaubt — damit man weiß, was in Nietzsche treibt und was es kostet, mit ihm dem

Übermenschen nachzujagen. Die Geschichte verzehrt alles, auch das Widerständigste, die Wirklichkeit verschlingt und entgiftet in langen, unwiderstehlichen Aneignungsprozessen alle Weltzerstörungen, alle Anschläge gegen die Schöpfung, die je und je gewagt werden. Aber das ist Gottes Werk, und es gehört zur Redlichkeit, daneben die menschlichen Anschläge klar zu sehen in ihrem An-Sich; nur so können deren Grenzen bestimmt und sie selbst wenigstens für die Erben der Hybris entladen werden. Nietzsche zielt in seinem „Züchtungsprogramm" auf die Vernichtung des uns bekannten Typus Mensch. Er zielt auf seine Ersetzung durch ein Fabelwesen, zu dem selbst Zarathustra-Nietzsche nur ein Übergang ist und dessen Auftreten einen völlig neuen Abschnitt in der Geschichte der Menschheit bedeuten würde, durchaus unvergleichbar allem, was die Erde bisher an Menschen und menschlichem Leben sah. Kein Ja zum Menschen — wie viele gemeint haben — wird von Nietzsche gesprochen, sondern das entschlossenste Nein, das je geschah; und dieses Nein wird durch jenes Ja zum künftigen Un-Menschen so wenig aufgehoben, wie das bolschewistische Nein zur „Gegenwart" durch ein Ja zu einem marxistischen Zukunftsparadies aufgehoben wird. Gegen das, was am Menschen das Wirklichste ist, kehrt sich Nietzsches Ungeduld, Ekel und Absage. Auf das, was am Menschen Urgefahr, Lebensabseits und Tod ist, tiefes Nicht-Wissen und leere Auflehnung — nämlich auf das Schöpfertum des losgerissenen Geistes — baut sich das Wahnbild des Zukunftsmenschen, dem der wirkliche Mensch zum Opfer zu fallen hat: *Unser* Geschöpf, unser gegen Gott gerichteter „Gedanke", geboren — nein: fabriziert, erdacht in dem Druck der furchtbaren Leere, die um den abgefallenen Geist entstand und die ihn zum Erschaffen *zwang*, weil die Leere nicht zu ertragen war — zwang zum Erschaffen des Übermenschen, dessen kostbarstes Seinsmerkmal darin besteht, daß er sein Leben in keiner Weise mehr von einer außermenschlichen Instanz hat, Golem und Homunculus, der als Lehmklumpen das „Leben" endlich leicht erträgt, und auf den wir, seine Schöpfer, sehnlich hinblicken als auf eine erhöhte eherne Schlange, deren Anblick allein uns fähig macht, mit Hilfe einer überschwenglichen Hoffnung unser furchtbares, von Gott geschenktes Leben auszuhalten.

Der Golem

Nicht leicht ist etwas Schrecklicheres je geschrieben worden als jene Notizenfolge im Nachlaß zum „Zarathustra", welche die Genesis des Übermenschen skizziert (Taschenausgabe Kröner, „Unschuld des Werdens" II, Nr. 1256):

„Ich sehe etwas Furchtbares voraus. Chaos am nächsten, alles Fluß.

1. Nichts, was an sich Wert hat; nichts, was befiehlt „du sollst".
2. Es ist nicht auszuhalten; wir müssen das Schaffen dem Anblick dieser Vernichtung entgegenstellen.
3. Diesen wandelnden Zielen müssen wir ein Ziel entgegenstellen, — es schaffen.
4. Als Stoff haben wir alles Einverleibte, darin sind wir nicht frei. Diesen Stoff fassen, begreifen (durch Wissenschaft).
5. Den Übermenschen schaffen, nachdem wir die ganze Natur auf uns hin gedacht, denkbar gemacht haben.
6. Wir können nur etwas uns ganz Verwandtes lieben: Wir lieben am besten ein erdachtes Wesen. Gegen ein Werk und ein Kind braucht die Liebe nicht befohlen zu werden. Vorteil des Übermenschen.

Ich will das Leben nicht wieder. Wie habe ichs ertragen? Schaffend. Was macht mich den Anblick aushalten? Der Blick auf den Übermenschen, der das Leben bejaht. Ich habe versucht, es selber zu bejahen — ach!"

Die Aneinanderreihung der Momente ist sehr klar und folgerichtig. Als Ausgangspunkt erscheint die Verzweiflung, riesengroß und endgültig, weil sie nicht Verzweiflung an einem bestimmten Kulturaugenblick ist, sondern Verzweiflung an der „bisherigen" menschlichen Struktur und allen für sie maßgebenden Werten. Besser: weil die auf richtigem Urteil beruhende Verzweiflung am bestimmten Kulturaugenblick sich selbst interpretiert als Einsicht in einen unvordenklichen Fehllauf der menschlichen Entwicklung, ja, der menschlichen Natur. Auf sie und auf das Leben ist kein Verlaß mehr; alles, was mit ihnen zusammenhängt, ist wert, daß es zugrunde geht; und der, welcher dies erkennt, ist dadurch automatisch zum Gott und neuen Schöpfer des anbrechenden Äons ernannt; die Leere, in der er steht, bedeutet furchtbaren Druck, aber zugleich eine nie dagewesene Freiheit zum Schaffen. Alles ist ihr möglich, alles erlaubt, weil keine „Wahrheit" des alten Äons mehr bindet. Weil der Schöpfer des neuen Menschen Abschied nehmen muß von vielem Edlen und Hohen der Vergangenheit, ist ihm seine Aufgabe „ein Faktum von unbeschreiblicher Traurigkeit" (Brief Nietzsches an Overbeck 1886), aber „verklärt durch das Bewußtsein, daß G r ö ß e darin ist, wenn je der Aufgabe eines Sterblichen Größe eingewohnt hat". Welcher Art diese Größe ist, wird von Nietzsche manchmal richtig empfunden: „Deussens Vedanta-Werk", schreibt er März 1883, „ist ausgezeichnet. Übrigens bin ich für d i e s e Philosophie beinahe das böse Prinzip." Der neue Golem des Übermenschen wird nun geschaffen. Nietzsche sagt nicht geradezu, daß er aus Lehm geschaffen werde, dem der verzweifelte Mensch als seinen göttlichen Odem den Geist des Abfalls einblase. Er umschreibt das Grauenhafte durch den Begriff des „Einverleibten", welches den Baustoff des Golems bilde; und dieses Einverleibte bedeutet nicht bloß das Leibliche, sondern vor allem auch die sämtlichen geistig-seelischen Elemente in der Deutung als Zeichensprache des Leibes, d. h. in der Deutung als Lehm.

In und um den Golem her gibt es — das sagt die Notizenreihe unter Nr. 5 — auch wieder Natur; aber nicht die wirkliche, die „bisherige" Natur, sondern eine auf uns hin präparierte, von uns und für uns denkbar gemachte Natur. „Die Natur ist ein undefinierbares und unerkennbares X", hatte Nietzsche in jener frühen Abhandlung entschieden; Erkenntnis als ein Ergreifen einer nicht von uns gestifteten Wirklichkeit ist ein Wahn. Aber nun, nachdem der Mensch alles Objektive in sein abgefallenes Ich hereingeschlungen hat, gibt es, durch seine Setzung, wieder eine Denkbarkeit der Natur. In dieser neuen Denkbarkeit ist die Natur zum Gebrauch des Golems „entkeimt", befreit von den unbequemen Überraschungen, die sonst aus ihr quollen; sie ist denaturiert und leistet keinen Widerstand mehr, fügt sich völlig den Absichten der vom neuen Gotte unternommenen Gegenschöpfung. Und in dieser Gegenschöpfung gibt es nun alles wieder, was es vorher in Gottes Schöpfung gab — nur befreit von der Beziehung auf Gott und lediglich bezogen auf Wille, Setzung und Gedanke des aus Verzweiflung schaffenden Gegengottes, des durch den Abfall nach „drüben" durchgebrochenen Menschen. Der „Wille zur Macht" führt in seinen letzten Abschnitten Moral und Aszese, Zucht und Gehorsam, Verbote und Treuegelübde, Lohn und Strafe, Güte und Liebe und Menschlichkeit wieder ein; doch all dies verwandelt in der Richtung, zurückgebogen auf den abgefallenen Menschen als den einzigen Wert- und Lebensquell. Es ist ein Vorgang wie die Erneuerung der Kreatur und das Wiederkehren des ganzen Lebens nach dem Durchgang durch den Engpaß der christlichen Wiedergeburt; selbst jene „unbeschreibliche Traurigkeit" des Abschiednehmens kann an die Wiedergeburt erinnern, ebenso Nietzsches ungestümes Hinaus! Aufs offene Meer! Ins unbedingte Abenteuer!, welches jenes paulinische Dahintenlassen und Sich-Strecken nach dem, das da vorne ist, zu spiegeln scheint. Aber es ist nicht Gottes Welt und Wirklichkeit, was sich nach dem Durchgang durch die von Nietzsche errichtete „Enge

Pforte" öffnet. Es ist die menscheneigne Gegenwelt, aus der alles Störende entfernt ist — und kein Donnerwort des „Willens zur Macht", kein trunkenes Lied des „Zarathustra", kein Peitschenhieb des „Antichrist" kann vergessen machen, daß dieses Störende das Leben ist, die Natur, das Menschenbild. Denn seit je ist gerade aus den menscheneigensten Gegenwelten der Mensch auf geheimnisvolle Weise ausgesperrt. Gerade die „Welten", die der Mensch radikal nach eigenem Maß und aus eigensten Stoffen konstruiert, enthalten den Menschen nicht. Er vergißt immer, sich selbst mit seiner Wirklichkeit hineinzutun. Und wenn er sich zum Furchtbarsten aufrafft und mit Gewalt das Menschliche in den Bauch dieses Gehäuses hineinstopft und die eherne Panzertür von innen ins Schloß wirft, so erweist sich doch, daß ein Etwas auch drinnen nicht aufhört, gegen die Verschließung zu protestieren, durch Jammer und Heimweh, durch brandigen Zerfall und schließlich durch Tod.

Der Angriff auf die Natur: Vergessen und Rausch

Nietzsche hat an die Schließung des menschlichen Seins gedacht, und das war ein großer Gedanke. Er hat die Verdichtung des menschlichen Seins betrieben, und das war ein Werk aus echtem Fühlen der Schöpfungsabsichten und der inneren Einheit alles Lebens. Aber indem er die Schließung als Abschließung von Gott und die Verdichtung als Abdichtung gegen die große Urbeziehung betrieb, verfehlte er den wirklichen Menschen schlimmer als es je geschah. Schlimmer als die Mystik, denn deren illusionistischer Rausch bleibt immer der Ernüchterung fähig. Schlimmer als der Materialismus, denn dieser ist immer ein Einstweilen vor dem Erwachen des Bewußtseins, ein törichtes Mitreden **vor** dem Erlebnis der Fragestellung. Schlimmer als Buddhismus oder weltablehnende Gnosis, denn da bleibt der Mensch immer noch seinem Geiste treu und wahrt sich vor dem Absturz in den totalen Widersinn. Schlimmer auch als das meiste an altem und neuem Satanismus, Kainitentum, Ophitentum, das wir in neueren Zeiten erlebt haben, denn die menschliche Seele zeigte sich hier immer noch insofern lebendig, als sie sich durch die Todeserfahrung am Ende vor diesen Bereichen warnen ließ (es ist u. a. an Baudelaire, an manche Gestalten und Strömungen in der französischen, englischen, spanischen Dichtung des 19. Jahrhunderts zu denken). Aber bei Nietzsche ist die Panzerung der Gegenwelt durchgängig fester und wissender. Bei ihm wird der Tod angenommen als Preis, der für die künftige Übermenschen-Herrlichkeit gezahlt werden muß; der Tod kann also nicht warnen, der Untergang ist „in Rechnung gesetzt". Es wird vom Geiste gewußt, aber er wird verleugnet. Es wird in transzendenten Spannungen gelebt, aber die Transzendenz wird verneint. Die Ausfallerscheinungen werden von vornherein als Schwäche verdächtigt, das Untergehen, das Stöhnen und Sterben der lebendigen Seele in den Grabkellern der Gegenwelt wird zum gewollten Ausleseprinzip erhoben: „Man muß das Zugrundegehen so leiten, daß es den Stärksten eine neue Existenzform ermöglicht." Der Kühnste aller Weltverbesserer hat das Wort. Er bessert sie mit dem Hammer in der Hand, und der Hammer hat nicht dies oder das zu zerschlagen, sondern den Menschen und seine ganze Welt. „Wer zu vernichten ist mit dem Satze, ‚es gibt keine Erlösung', der soll aussterben." Erstaunliches Rezept! Philosophie des Hammers, des Werkzeugs der Zertrümmerung, das sein Tun euphemistisch als Zertrümmerung der Götzen bezeichnet und doch nur, Stück für Stück, Wesenselemente der Menschennatur zerschlägt — jene Elemente der Sehnsucht, des Abstands, des wunderbaren Ungenügens, der transzendenten Bezogenheit, des Bewußtseins und des Gedächtnisses, welche in ungeheurem Zusammenwirken des Menschen ganze Welt und Gestalt begründen und sein Leben ewig mit dem großen Lebensquell verbinden. Von diesem allen weiß Nietzsches Herz. Sein Denken aber sagt: Nein. Es nimmt die Natur des Menschen nicht an. Sein Denken richtet sich überall von der Natur fort auf die vom abseitsgegangenen Geiste zu erschaffende Gegenwelt. Wie recht hat der zerstörende Hammer mit seinem Werk, da es ja nur Träume und Gespenster sind, selbsterzeugte Nichtse, die er vernichtet! Gott? „Es ist ja nur dein eigen Kind, / dein Fleisch und Blut, / was dich da drangsaliert und quält", sagen die Gedichte. Die Schwere, die lähmende, lastende Trübsal, welche jede Seele drückt, in der das große Ja zwischen Geist und Leben nicht gesprochen ist? — Weicht sie nicht dem Tanzen, dem Lachen, dem Hohn, dem Spott, so gibt es eine letzte Kunst zu ihrer Überwindung: das Vergessen.

Wirf dein Schweres in die Tiefe!
Mensch, vergiß! Mensch, vergiß!
Göttlich ist des Vergessens Kunst!
Willst du fliegen,
willst du in Höhen heimisch sein:
wirf dein Schwerstes in das Meer!
Hier ist das Meer, wirf dich ins Meer!
Göttlich ist des Vergessens Kunst!

Wo die wahre Lebensbotschaft mahnt: Mensch, besinne dich! — was sie deshalb tun darf und muß, weil sie alle Natur und Wirklichkeit, auf die der Mensch sich besinnen kann, auf ihrer Seite hat — lebt das Denken des Gegenweltlers in einem geheimen Bündnis mit dem Vergessen und also mit dem Rausch. Dem nüchternen Menschen stellt sich im Besinnen auf seine Wirklichkeit die Verweisung auf Gott dar; dem Vergessenden erscheint Dionysos, der Bringer jener Trunkenheit, welche Baudelaire mit einem Ausdruck von unerreichter Tiefe „l'ivresse d'humanité" nannte, die Trunkenheit des Menschseins, die Berauschtheit von gegengöttlichem Menschtum. Daß sich in diesem Vergessen der „Schwere", d. h. im Verdrängen des Gefühls der Unerlöstheit, die Urform aller Berauschung begibt, hat Nietzsche gewußt und ausgesprochen in der „Frage eines Wassertrinkers", gerichtet „An Hafis". Nietzsches Naturell war dem Weine abhold — wie dem Schlaf, der Liebe, dem Glauben und allem Trauen —, weil sein Rausch gerade die Überwachheit des den Panzer niemals ablegenden Bewußtseins forderte; und so grenzt er sich gegen den weinfrohen Perser ab, indem er sich selbst anredet:

Die Schenke, die du dir gebaut,
ist größer als jedes Haus,
die Tränke, die du drin gebraut,
die trinkt die Welt nicht aus.

. . . .

Bist aller Höhen Versunkenheit,
bist aller Tiefen Schein,
bist aller Trunknen Trunkenheit
— wozu, wozu dir — Wein?

Denn eine tiefere endgültigere Trunkenheit als die des an seiner Gegengöttlichkeit berauschten Menschen kann das Gewächs des Weinstocks nicht bringen. Im Gegenteil: die gesellige Natur des Weins bricht ja gerade dieses böse Abseits und reiht den Menschen wieder in den Zusammenhang ein*). Und wer in den „Stoffen" und ihrer Natur die höheren Beziehungen zu spüren weiß, mag hier an den sakramentalen Dienst des Weines im Abendmahl denken.

---

* Chemisch-biologische Parallele: Der gesellende Rausch des Weins und der isolierende, ichvergottende Rausch des Opiums, Haschischs, Meskalins und anderer Alkaloide; Alkohol und Alkaloide als Gegengifte; Nietzsches Rausch vom alkaloidischen Typ. Vgl. Baudelaire, „Des paradis artificiels."

Der Angriff auf die Natur: Technik und Starkgeisterei

So wird auf Nietzsches Denkwegen **nicht** die Natur gewonnen und ebenso wenig der wirkliche, der natürliche Mensch, sondern diese Denkwege zielen mit einer feurigen, rabiaten Getriebenheit auf das, was der Mensch als negierendes Ich zu „eigen" hat gegen die Natur, gegen Gott und sogar gegen sein eigenes Wesen. Jener Techniker, der vor einigen Jahren Nietzsche in einem systematisch gut unterbauten Buche als „Mittler der Technik, Wegbereiter der Maschine, Künder neuer, übernaturhafter Wirklichkeit" in Anspruch nahm, hat etwas Richtiges gesehen. Er sah die Lehre vom Übermenschen eingebaut in den „übermenschlichen Prozeß einer technischen Erdumklammerung, Erdüberlagerung, Naturentmächtigung". Er sah sie verschwistert mit den modernen „Tendenzen von der Natur hinweg und aus der Natur heraus zur Lebensregion einer technischen Übernatur, aus der nun wiederum nach Kräften abgestoßen wird, was da in sie noch an ursprünglich Naturhaftem ragt". Und dieser Prozeß, sagt der Techniker, wird solange dauern, bis „die gesamte Natur von der Über- und Unnatur entwertet, verdrängt und übersponnen worden ist" (Georg Foerster, Machtwille und Maschinenwelt, 1930, Potsdam).

Gewiß ist die Welt des Nietzscheschen Übermenschen zu eng gesehen, wenn man ihr das molochistisch ausgewucherte System der Technik als alleinigen oder auch nur hauptsächlichen Inhalt setzt. Aber daß es bei Nietzsche um die äußerste Entfesselung des homo faber geht; daß der Verfertiger der Gegenwelt die technizistische Hybris als eine gefährliche Möglichkeit in sich enthält, leidet keinen Zweifel. „Kein Trauen mehr auf den Zufall, auf die Natur, auf die Vorsehung!" ist der Kehrreim in den Züchtungsanweisungen des „Willens zur Macht". Georg Foerster hebt als Nietzsches Grundgedanken heraus, „daß es irgendeine ‚wahre' Weltbeschaffenheit, irgendeine Wirklichkeit an sich, irgendein ‚Wesen' der Dinge nicht gibt, und daß der Mensch infolgedessen, will er nicht welt- und wirklichkeitslos sein, eine Welt und Wirklichkeit zu erschaffen hat". Dieser Grundgedanke — erkenntniskritische Herstellung des großen Leerraums für die Machtübernahme des selbständigen Menschen — ist nach Foersters Meinung auch der Grundgedanke der technizistischen Weltanschauung, und Nietzsche wird, wider Willen, zu deren geistigem Begründer, zusammen mit dem andern großen Alleszermalmer, dem Erkenntnistheoretiker Kant.

Nicht die Natur hat in Nietzsche ihren Anwalt, sondern die äußerste Aufstachelung des Menschen zum Mißtrauen, zum Kampf gegen die Natur. Das müssen wir sehen lernen, ehe wir dem Denker Nietzsche auch nur ein einziges Wort glauben! Zwar klingt durch alle seine Schriften das, was er sein Ja zum Leben nennt; das Ja zu allen Trieben und Seinselementen, die der Mensch in sich vorfindet, namentlich auch zu seinem Bösen, zu den Leidenschaften und Instinkten, selbst zu denen, welche dem sanften Herzen Nietzsches sehr ferne, vielleicht allzuferne lagen: den verbrecherischen. Aber stets handelt es sich da um *Natur in ihrer Losgerissenheit vom Geist, in ihrer Feindschaft gegen Schöpfer und Schöpfung*; es handelt sich um freigesetzte Natur, welche nicht nur formal die Entsprechung zum freigesetzten Geiste ist und mit der Lebensfülle ebenso wenig zu tun wie dieser; Zeichen der Spaltung, nicht der Versöhnung; Zeichen dafür, daß in Nietzsches *Denksystem* — welches wir scharf unterscheiden 1. von seinem persönlichen Naturell, 2. von der dynamisch-geschichtlichen Bedeutung seiner Gedanken — die angestrebte Vereinheitlichung des Menschen noch viel verhängnisvoller mißlingt als in der Kulturverfassung, die er vorfand. Sein Denken steht zur Natur mephistophelisch: was in der Natur auf Gott weist, lehnt es ab; aber Natur als der gottferne Abgrund, die denaturierte Natur, wird angenommen (freilich bei Nietzsche immer unter dem Zeichen einer durchleuchteten persönlichen Humanität, die sich als unvertilgbar erweist). Um Großes mit Kleinem zu illustrieren: Parsifal der Wanderer aus Seelenschlummer zur Erkenntnis, insofern der urbildliche Mensch unserer Rasse, ist ihm ein „Idiot" und „Naturbursche"; Gretchen gehört für ihn unter die demütigen, albernen Volksweiberchen, für die der schlechte Geschmack des Jahrhunderts eine Schwäche hat; Fausts Wesen und Weg sind ihm durchaus unmaßgeblich für den Entwicklungsgang eines echten Denkers. Wenn er einen großen deutschen Lyriker nennen will, sagt er nicht etwa Eichendorff oder Mörike, sondern Heine. Und ähnlich in der Musik. Zwar hat er volles Wissen um Mozarts Größe, aber erstaunlich viel Raum bleibt daneben für — Offenbach. Zieht man die Wertlinie nach, die sich so ergibt, so hebt sich klar eine Vorliebe für die Stark- und Freigeister, für die Spötter heraus; eine Vorliebe für die Typen, in denen das Denken eine kalte Natur-Überlegenheit, das Ich eine überschärfte Wachheit des Bewußtseins und des Nicht-Teilnehmens zeigt. Selbst rückwärts gewendet, den Griechen zu, drückt sich dies aus in der Parteinahme für Thukydides, den er „meine Erholung, meine Vorliebe, meine K u r von allem Platonismus" nennt, weil er „die Sophisten-Kultur, will sagen die Realisten-Kultur" repräsentiert inmitten des „allerwärts losbrechenden Moral- und Ideal-Schwindels der sokratischen Schulen". Plato ist ihm „ein Feigling vor der Realität — folglich flüchtet er ins Ideal". Thukydides aber gilt ihm als die „letzte Offenbarung jener starken, strengen, harten Tatsächlichkeit, die dem älteren Hellenen im Instinkte lag". Ohne das Fragendickicht betreten zu wollen, welches sich da erhebt: wie verhängnisvoll übersieht Nietzsche, daß die „Tatsache", die er bei Thukydides und gar bei den Sophisten in Ehren gehalten sieht, eine s p ä t e A u s k l a m m e r u n g a u s d e r W i r klichkeitsfülle ist, vorgenommen von dem distanznehmenden Bewußtsein, das gerade den älteren Griechen nicht kennzeichnet, das mit den Sophisten seinen großartigen „Sündenfall" begeht und in Sokrates wieder Menschengestalt und gläubige Seinsbeziehung gewinnt. Nach rückwärts wie zum Kommenden hin, in allen Dingen des oberen wie des unteren Lebens fällt Nietzsches denkerische Entscheidung zugunsten des die Lebenseinheit brechenden Bewußtseins. Nicht die Natur gelangt bei ihm zu neuer Ehre, sondern die vom Gegengott „Mensch" erschaffene Wertwelt, vor deren Maßstäben sich alle Natur zuerst einmal ausweisen muß. Er spricht das Lachen Zarathustras heilig. Aber niemals war Lachen etwas anderes als Abstandnahme zum Zwecke des Triumphierens. Gewiß gibt es auch ein Lachen über den Teufel. Aber das Lachen Zarathustras ist ein anderes; es lacht über die „Schwere", in der die unbereinigte Beziehung zu Gott lastet und drückt; es lacht über den inneren Widerstand, und es weiß nicht, daß der Weg jedes Menschen zu seinem Heil zuverlässig über die Stelle des größten Widerstandes geht.

Der Angriff auf die Natur: Volk

Auch in Nietzsches Verhältnis zum Deutschtum erweist sich, daß das Naturhafte für ihn nicht schon an sich legitimiert ist, sondern erst der Legitimierung durch den geistgestifteten Wert bedarf. Nietzsche steht zum Deutschtum nicht als zu einem lebendigen Geschöpf, das er als solches erfaßt, ehrt oder gar liebt. Es geht hier natürlich nicht um den Inhalt seiner Aussagen über deutsches Volk und Wesen. Maßstäbe, nach denen man ihm sein wechselndes Ja und Nein zum Deutschtum unter nationalistischem Gesichtspunkt glaubt anrechnen zu können, reichen an ihn nicht heran. Wesentlich ist allein, daß man begreift, von wo sein jeweiliges Ja und Nein den Ausgang nimmt: vom Werturteil, nicht von der Blutsbeziehung. „Deutschland, Deutschland über alles — ist vielleicht die blödsinnigste Parole, die je gegeben worden ist. Warum überhaupt Deutschland — frage ich: wenn es nicht etwas will, vertritt, darstellt, das mehr Wert hat, als irgendeine andere bisherige Macht vertritt! An sich nur ein großer Staat mehr, eine Albernheit mehr in der Welt." Mehrfach findet sich diese Haltung ausgesprochen, oft verbunden mit heftigen Ausfällen gegen „Nationalitätenwahnsinn und Vaterlandstölpelei", worunter er immer versteht das Bekenntnis zum nationalen Sein als zu einem Stück Leben und Lebenswert an sich. Das deutsche Sein ist ihm an sich kein „Wert". „Kann man sich für dieses Deutsche Reich interessieren? Wo ist der neue Gedanke? ... Herrschen und dem höchsten Gedanken zum Siege zu verhelfen — das einzige, was mich an Deutschland interessieren könnte." Durch den „Gedanken" also, durch den vertretenen Wert erst empfängt das Geschöpf „Volk" jene Bedeutung, die binden und verpflichten kann. Diese Anschauung hat tiefe innere Fühlung mit dem, was man das Weltbürgertum der jungen Klassik und des jungen Idealismus Deutschlands nennt, namentlich in Ansehung des Verhaltens der damit bezeichneten Generationen zur Französischen Revolution: Weil diese die Idee der Freiheit trägt, den höchsten Wert, welchen das Humanitäts- und Persönlichkeits-Ideal der Zeit kannte, ist die Französische Revolution die „eigene Sache" für jeden wertwissenden Geist. Die Erfolge der französischen Heere sind Erfolge der Menschheit — gerade auch dann, wenn sie gegen die deutschen Heere erfochten werden; und erst die schweren Erfahrungen der Napoleonischen Herrschaft brachten diesen Generationen die Einsicht, daß es keine Menschenfreiheit ohne nationale Freiheit gibt, daß eine erfüllte Menschengestalt nur im Stoffe des nationalen Seins zu realisieren ist.

Diese Einsicht — in der sich der Mensch zu seinem Volke als

zu einem naturhaften Element seiner eigenen Seinswirklichkeit bekennt — zeigt sich bei Nietzsche wieder verdeckt. Ihm fehlt das klare Bewußtsein, daß der Mensch keine Existenz hat außerhalb des nationalen Lebens, daß alle Werte sich für ihn nur im Material von Art und Schicksal des Volkes verwirklichen können. Anders ausgedrückt: Nietzsche vermag seinen „werdenden Europäer" nur im Gegensatz zum vaterländisch bestimmten Menschen vorzutragen. Er vermag die vaterländische Selbstbesinnung — die in seiner Zeit sich ungeberdig, aber tief gesetzlich wieder zu regen beginnt — nicht als unerläßliche Vorbedingung zur künftigen „Einheit Europas" zu erkennen. Er sieht in ihr nur Rückfall und Abschließung: „Bei allen tieferen und umfänglicheren Menschen dieses Jahrhunderts war es die eigentliche Gesamtrichtung in der geheimnisvolleren Arbeit ihrer Seele, den Weg zu jener neuen Synthesis vorzubereiten und versuchsweise den Europäer der Zukunft vorwegzunehmen: nur mit ihren Vordergründen oder in schwächeren Stunden, etwa im Alter, gehörten sie zu den ‚Vaterländern' — sie ruhten sich nur von sich selber aus, wenn sie ‚Patrioten' wurden. Ich denke an Menschen wie Napoleon, Goethe, Beethoven, Stendhal, Heinrich Heine, Schopenhauer." Der Patriotismus seiner Zeit, die „Liebe zum Vaterland" (zwischen Anführungszeichen) ist ihm nichts als ein „kleiner Schreihals", den man ja nicht zu ernst nehmen soll. Er weiß in diesen Regungen nur das Negative zu sehen. Er weiß nicht in ihnen das Walten einer tiefen geschichtlichen Vernunft zu sehen, welche das nationale Bewußtsein gerade deshalb heraufruft, damit die Kulturvölker ihre ganze Natur und Individualität, den vollen Ernst ihres Eigenseins in die künftige Einheit Europas mitbringen und damit endlich das in der Völkerwanderung dumpf Begonnene vollenden können. Wie der Einzelmensch nur im Bejahen der eigenen Natur fähig wird zur Gesellung, ja, wie er in der religiösen Grundbeziehung nur steht, wenn er seine volle, unverkürzte Natur in diese Beziehung mitbringt, so kann eine europäische „Einheit" auch nur zwischen naturhaft mobilisierten Völker-Individuen zur Wirklichkeit werden. Das ist es, was der moderne Nationalismus im Wesensgrunde, im Streben, oft auch schon im Bewußtsein hat. Dem „gratia supponit naturam" (die Gnade setzt die Natur voraus) antwortet aus der Politik: Die Idee Europas setzt verwirklichte und bejahte Völker-Geschöpfe voraus.

Nietzsche bleibt in dieser ganzen Sache auf dem Standpunkte der Freizügigkeit. Volk als Natur, Volk als Geschöpf, das unter einer letzten Ermächtigung steht, bekommt er nicht zu fassen, weil er auch hier der Natur nicht zu trauen vermag, weil er auch in diesen Fragenbereich seine Tendenz der fehlerhaften Ausklammerungen mitnimmt. Wichtiger als ein Teilnehmen am Deutschen Reiche Bismarcks scheint ihm „das wachsende Heraufkommen des demokratischen Mannes und die dadurch bedingte Verdummung Europas und Verkleinerung des europäischen Menschen". Aber es bleibt ihm verborgen, daß dieser fehlerhaften Demokratisierung nur durch Kräfte zu begegnen war, die ideentypologisch viel mehr mit der „Vaterlandstölpelei" als mit seinem eigenen naturlosen Wert-Denken zu tun haben. Er hat Augenblicke, wo er diese Zusammenhänge recht klar empfindet, und er schreibt dann Sätze nieder, die manches hier Berührte auf fesselnde Weise unterstreichen: „Die Ära Bismarcks (die Ära der deutschen Verdummung). — Das ausschließliche Interesse, das jetzt in Deutschland den Fragen der Macht, dem Handel und Wandel . . . geschenkt wird, das Heraufkommen des parlamentarischen Blödsinns . . . die Bewunderung eines Staatsmannes, der von der Philosophie etwa so viel weiß und hält, als ein Bauer oder Korpsstudent . . . —: alles das hat in dem unheimlichen und vielfach anziehenden Jahr 1815 seinen Ursprung. Da fiel plötzlich die Nacht hernieder für den deutschen Geist, der bis dahin einen langen fröhlichen Tag gehabt hatte: das Vaterland, die Grenze, die Scholle, der Vorfahr — alle Arten Borniertheit begannen plötzlich ihr Recht geltend zu machen. Damals erwachte oben die Reaktion und Beängstigung, die Furcht vor dem deutschen Geiste, und folglich unten der Liberalismus und Revolutionismus und das ganze politische Fieber — man versteht dies Folglich. Seitdem — seit es politisiert — verlor Deutschland die geistige Führerschaft von Europa." Nietzsches Verbindung mit dem naturlosen Staatsdenken des frühen Idealismus tritt hier ins Licht, zugleich mit seiner Ablehnung der Vitalelemente des Staatslebens, wie Erde, Ahnen, Volksgeist, Machtstreben, bei einer Schätzung der „Philosophie", die in Nietzsches Mund eine fast komische Naivität annimmt. Reklamiert er doch philosophisches Wissen und Denken hier im Blick auf einen Staatsmann, der wie kein anderer seinem Begriff des Täter-Philosophen entsprach. Mag er immer wieder versichern, er habe keinen Teil an Denkweisen, „welche nicht den Leib und die Sinne festhalten, und die Erde", so sieht man ihn doch immer wieder versagen in Fällen, wo diese Frage praktisch gestellt ist. Sein Instinkt und seine geistige Grundentscheidung kehren sich gegen die Natur; auch gegen die Natur als Volk. Wo er Natur sagt, ist immer Geist gemeint, der sich gegen die Natur auflehnt, illegitimer Geist; Geist, der die entgeistete Natur mißbraucht, um seiner Gegenwelt einen Schein von Bestand zu geben. Denn entgeistete Natur ist selber nur Schein. Lange Strecken des Nietzscheschen Denkens beschäftigen sich mit dem Kampf gegen die „wahre Welt" der Philosophen und der Christen; und immer verkennt dieser Kampf, so glänzend er geführt wird, daß der Tatbestand „Realität" nur aus dem geistigen Akte der Wirklichkeitsannahme erwächst. Mag Natur mit beiden Fäusten ergriffen werden: sie verflüchtigt, sie denaturisiert sich, wenn die Tat der geistigen Ergreifung nicht hinzutritt, als ein Akt des Glaubens und der Frömmigkeit. Wir haben oben von den Hungerern der antiken Sage gesprochen. Tantalus hat Wasser und Früchte greifbar vor sich; aber diese greifbare Wirklichkeit entzieht sich ihm, weil er Feind der Götter ist, d. h. weil er nur mit den Händen, nicht aber mit dem gläubigen Geiste danach greift. Erysichthon verschlingt ganze Herden von Vieh, aber weil er als Frevler an Demeter nur mit körperlichen, nicht mit geistigen Organen „ißt", sättigt die eingeschlungene Wirklichkeit nicht, und der Hunger wühlt fort. Was sagen diese hohen Erinnerungsbilder anderes, als daß der Mensch des Wirklichen nur habhaft wird, wenn er es als von Gott gespendet ergreift — und daß es gegen Gott kein dauerndes Haben der Natur gibt? Umgekehrt festigt und mehrt sich wunderbar die stoffliche Tragweite der im Glauben ergriffenen Wirklichkeit. Tausende werden satt an ein wenig Brot und Fisch. Das Gebet des Herrn ordnet die Bitte um das tägliche Brot hinter die gläubige Anrufung des Vaters, weil alles Nährende nur wirklich wird durch die im Glauben geschehende Annahme. Wirklichkeit, die sich nicht mehr zersetzt, ist Frucht des Glaubens; und im selben Zuge ist sie Frucht eines Menschen*denkens*, das sich selber traut als einem zuverlässigen Organ der Welterfassung. Es ist Treue zwischen dem Menschen und der Welt solange, bis wir sie mit dem Hammer der Empörung zerschlagen. Dann erst — und nicht von Natur — tritt zwischen beide der Spott, das trügerische Maskenspiel, die leere „Relation".

Zerfall der Menschenwelt

Hat aber der Mensch, der als verdichtete Einheit in lauter Wirklichkeit lebt und ihrer gewiß ist, nicht wenigstens in Nietzsches Bild vom *künftigen* Menschen ein Dasein? Den Menschen, den wir kennen und der wir alle sind, gibt er ja preis. Der Übermensch wird erst derjenige sein, der „das Leben erträgt".

Für **uns** ist ja, nach Nietzsches Meinung, die Lage so, daß der Gegensatz heraufdämmert zwischen „der Welt, die wir verehren, und der Welt, die wir leben, die wir sind. Es bleibt übrig, entweder unsere Verehrungen abzuschaffen oder uns selbst". Letzteres, sagt Nietzsche, ist der Weg des herannahenden Nihilismus. **Sein** Weg soll hingegen durch die andere Alternative gehen, durch die „Abschaffung unserer Verehrungen". Nur durch sie kann Raum werden für „eine stärkere Art Mensch", deren Stärke eben in der Abwesenheit eines inneren Bruches besteht. Der Übermensch wird das Ja zum Leben sprechen, das uns in die doppelte Verweisung hoffnungslos Verstrickten zu leisten unmöglich war.

In Nietzsches Denken hat der Übermensch eine lange, stufenreiche Geschichte. Man sieht ihn von Anfang an dastehen. Doch wechseln seine Namen und mit ihnen die Umrißschärfe, der Inhalt, die Kontrastbegriffe. Vielleicht heißt er mit seinem frühesten Namen „der Künstler" (der Grieche als Künstler) und hat als seinen Feind den „theoretischen Menschen" gegenüber. Später erscheint der Name Herr, Herrenmensch, dem die Gegensatzbegriffe des Sklaven, des Herdenmenschen zugeordnet sind. Weiterhin stehen in der Reihe der zum Übermenschen führenden Typen der Starke, der Vornehme (Aristokrat), der große Mensch, und im Gegensatz dazu der schwache, der niedrige, der kleine Mensch. Aber seine volle Schärfe erhält das Bild des „Menschen, der das Leben erträgt", mit dem Namen des Übermenschen, und besonders seit dem „Zarathustra". Die Zarathustra-Dichtung hat weitgehend biographische Führung; sie läßt sich als den Roman der Geburt des Übermenschen betrachten, mit Entrollung einer faktischen und theoretischen Dialektik, in der sich dieses Ereignis entfaltet; jedenfalls kommt man mit dem eigentlich Treibenden dieses Werkes nur in Berührung, wenn man es als Schilderung eines wirklich-überwirklichen Geschehens ernstzunehmen weiß; als eine „Geschichte", als Märchen von einem Schicksal. Die

Figur, die den Namen des sagenhaften iranischen Lehrers trägt, ist ohne Zweifel Nietzsche selbst *als Vollbringer des Übergangs zum Übermenschen*. Zarathustra ist eine Stufe weiter als die „höheren Menschen" um ihn, die es nur dahin gebracht haben, am bisherigen Menschen hoffnungslos zu leiden. Aber die neue Form des in sich geschlossenen Übermenschen stellt er noch nicht dar, auch er ein Unter-, weil Übergehender, der wohl das gelobte Land schauen und weisen, doch nicht betreten kann.

Über dieses Schauen und Weisen geht dann der „Wille zur Macht" hinaus, und zwar in der Richtung der neuen *Gesetzgebung*, die nun Pflicht wird: „Da es keinen Gott mehr gibt, ist die Einsamkeit nicht mehr zu ertragen: der hohe Mensch *muß* ans Werk." Der Tod Gottes schafft ein Vakuum, das nur noch durch das „Ich befehle" des gegenschöpferischen Menschen, d. h. durch eine züchtende Gesetzgebung auf den Übermenschen hin, ausgefüllt werden kann. Die Zeit des Streitens und „Beweisens" ist da vorüber, wir treten ins Praktische ein und sind im gottabwendigen Jenseits gleichsam gelandet: die neuen Werte lassen hier nicht mehr mit sich handeln, sie setzen sich in Kraft mit Hinweisen auf Übung, Training, befehlerische Erziehung, welche den verdichteten Antipoden, den gott„vergessenen" Starken zu ermöglichen hat. Denn siehe, „der Mensch ist etwas Flüssiges und Bildsames — man kann aus ihm machen, was man will". Winkte Zarathustra dem Übermenschen von seinen „hohen Bergen" zu, in dithyrambisch verklärender Schau ihn erblickend, so beginnt der „Wille zur Macht" etwas von dem auszubreiten, was man den Alltag des Übermenschen nennen kann.

Und hier, wo wir nun als Preis für die Tötung Gottes, für die Hinwegnahme des unbedingten Horizontes und aller „lebensfeindlichen" Bezogenheiten das neue, dicht gewordene und unzerspaltene Menschensein zu erblicken gewärtig sind, bricht die Spaltung von neuem aus. Es erscheint nicht der glorreich irdische

Mensch, eingesetzt in die Fülle des Lebens, sondern eine phantastische Kasteneinteilung mit einem sozialen Himmel und einer sozialen Hölle; droben die Übermenschen als „epikurische Götter" mit einer „eigenen Lebenssphäre", unten die Herde mit fabrizierten und normierten Zwecktugenden, zwischen beiden als „Verbindung" ein System von grundsätzlicher Lüge und Täuschung, ironischer „Liebe" und getarntem Widerspruch. Es taucht in Nietzsches Zukunftswelt soziologisch dieselbe heillose Verfeindung, derselbe innere Riß auf, der durch seine eigene Struktur geht als Spaltung zwischen Bewußtsein und Leben, Geist und Natur. Die Menschheit, die unter der Despotie seiner „Herren der Erde" steht, ist nicht als Volk oder Nation oder sonstwie als echte *Gemeinschaft* realisiert, sie erscheint in schroff dualistischer und antithetischer Aufteilung. Leben durchströmt sie nicht als frohe Seinswelle, die in allen Adern steigt, gemeinsamen Sinn und Geist mit sich führend, quellend aus dem einen Erdgrund und gerufen von einem oberen Licht — sondern eine starre Isolierschicht trennt die obere und untere Rangklasse als ein Fluch des nie Zueinanderfinden-Könnens und -Sollens. Nietzsche spricht an vielen Stellen gegen das demokratische Denken; das ist mit Recht bemerkt und unterstrichen worden, weil es der heute gegebenen Nötigung zu entsprechen scheint, die menschlichen Dinge vom *Ganzen* her und als Lebenseinheiten zu gestalten, nicht vom Einwand der widerstrebenden Teile her. Aber darüber wird fast regelmäßig übersehen, daß Nietzsche bei seinen hochpolitischen Gedankengängen *nicht* geführt ist vom Bild eines durchbluteten, alle Teile lebendig in sich fassenden Ganzen, in dem es keine „Herde", keine „Masse" mehr gibt, weil alles in überschwenglicher Lust und Wärme, organisch und arbeitsteilig gegliedert, zusammenwirkt — im Gegenteil: Nietzsche nimmt die moderne Vermassung, Verkleinerung, Nivellierung des europäischen Menschen ausdrücklich als unvermeidbar an. Er konstruiert seinen Übermenschen als den schroffen Gegensatz zum immer mehr ausgeglichenen Herdenmenschen, als die höhere Art, welche mittels einer ungeheuren Kluftaufreißung der niederen Spezies erst die Rechtfertigung ihres Daseins bringt. Und er akzeptiert die Vermassung nicht etwa als unvermeidbares Einstweilen, als nihilistisches Zwischenspiel, dem später — vielleicht nach dem Zeitalter des Übermenschen? — die Hereinnahme in die großen Lebenseinheiten der Völker, der Kultur- oder Rassengemeinschaften zu folgen habe — sondern die Ausstoßung ist dauernd, weil die höhere Spezies die entwertete Unterschicht *braucht*, um im Gegensatz dazu ihr eigenes, allein den Menschensinn tragendes Sein hervorzutreiben. Nietzsche hat nicht der *falschen Ausgleichung*, wie sie auf der Linie Demokratismus bis Bolschewismus vorgetragen wird, die *lebensrichtige Gemeinschaft* entgegenzustellen, sondern er beantwortet sie mit einer falschen Scheidung; und dieses Vorgehen bildet genau jene andre Scheidung zwischen Geist und Wirklichkeit ab. Aller „Sinn" ist bei den Oberen, die Unteren sind nur ein Sockel der Dumpfheit, welcher trägt und am Sinn nur teilnimmt wie etwa der Sklave am Wert der antiken Kultur.

„Die Ausgleichung des europäischen Menschen", heißt es im Willen zur Macht, „ist der große Prozeß, der nicht zu hemmen ist: man sollte ihn noch beschleunigen. Die Notwendigkeit für eine *Kluftaufreißung*, *Distanz*, *Rangordnung* ist damit gegeben: *nicht* die Notwendigkeit, jenen Prozeß zu verlangsamen. Diese *ausgeglichene* Spezies bedarf, sobald sie erreicht ist, einer *Rechtfertigung*: sie liegt im Dienste einer höheren souveränen Art, welche auf ihr steht und erst auf ihr sich zu ihrer Aufgabe erheben kann. Nicht nur eine Herren-Rasse, deren Aufgabe sich damit erschöpfte, zu regieren: sondern eine Rasse mit *eigener Lebenssphäre*, mit einem Überschuß von Kraft für Schönheit, Tapferkeit, Kultur, Manier bis ins Geistigste; eine *bejahende* Rasse, welche sich jeden großen Luxus gönnen darf — stark genug, um die Tyrannei des Tugend-

Imperativs nicht nötig zu haben, reich genug, um die Sparsamkeit und Pedanterie nicht nötig zu haben, jenseits von Gut und Böse; ein Treibhaus für sonderbare und ausgesuchte Pflanzen."

Für diese sonderbaren und ausgesuchten Pflanzen ist sogar das Beherrschen der Unterschicht eine unangemessene, weil zu niedrige Betätigung. So faßt Nietzsche selbst den „herrschaftlichen Typus" als noch einmal gegliedert in eine Schicht der Regenten und eine Schicht der eigentlichen Herren: „Der ‚Hirt' im Gegensatz zum ‚Herrn' (ersterer Mittel zur Erhaltung der Herde; letzterer Zweck, weshalb die Herde da ist)." Immer bleibt es für Nietzsche ein „Hauptgesichtspunkt: daß man nicht die Aufgabe der höheren Spezies in der Leitung der niederen sieht . . ., sondern die niedere als Basis, auf der eine höhere Spezies ihrer eigenen Aufgabe lebt — auf der sie erst stehen kann". Es errichtet sich somit für die Schicht der Herren — die ausdrücklich als eine zwischennationale und übernationale gedacht ist — ein Abseits, in welchem nur noch Halbgötter ihrer Aufgabe einer zweckbefreiten kosmischen Repräsentation des (abgefallenen) Menschen leben, erlauchte Schauspieler der dionysischen Komödie ihres Seins; denn „der Übermensch ist der Sinn der Erde".

Viele geschichtliche Analogien drängen sich herzu, wenn wir dieses Abseits betrachten: die Stellung des Philosophen im platonischen Staat, des Kaisers und Himmelssohnes im alten China, die Königsvergötterung im vorderen Orient und später der Divus Augustus Roms, vielleicht sogar auch die Erhöhung des Brahmanentums über die Herrscher und Krieger. Wie wir diese Erscheinungen auch im einzelnen bewerten mögen — denn in manchen von ihnen sehen wir die Beziehung zum Göttlichen als heilsames Korrektiv eingeschaltet —, so stehen sie doch alle in einem tiefen Gegensatz zum Lebensgesetz des Abendlandes. Denn dieses Lebensgesetz verweist uns überall auf ein lebendiges Zusammentreffen von „Sinn" und Wirklichkeit, auf ein Erfülltsein des Menschenlebens an jedem Ort, wo aus gläubigem Gefühl für das Ganze das Arbeitsteilige getan wird. Europa kennt das Menschenleben nur als einen Zusammenhang, der liebend und unironisch alles Zugehörige umfaßt, der die Ausklammerungen insgeheim verwirft als einen törichten Behelf aus Kinderzeiten, welche das volle Trauen auf die Schöpfung noch nicht kannten. Nietzsches Übermensch als der epikurische Gott, der aus allen Menschenbedingungen herausgenommen ist, weil er nur so den „Sinn der Erde" repräsentieren kann — er ist widereuropäisch und namentlich widerdeutsch bis auf den Grund. Er streitet gegen unser Wissen, daß im Kleinsten das Größte erscheinen kann; daß jede Art der Aufspaltung das Untere wie das Obere dem brandigen Verderben ausliefert; daß nicht Kluftaufreißung, sondern ständiges liebendes Hinüberwirken über die Kluft, bei vollem Wissen um die Verschiedenheit der Gaben und Ämter, im Sinne des Lebens und der Gemeinschaft ist. Wohl spricht auch Nietzsche von der Notwendigkeit der Liebe: „Die Auflösung der Moral führt in der praktischen Konsequenz zum atomistischen Individuum und dann noch zur Zerteilung des Individuums in Mehrheiten — absoluter Fluß. Deshalb ist jetzt mehr als je ein Ziel nötig und Liebe, eine n e u e L i e b e." Aber der Mensch, der ins metaphysische Abseits gegangen ist, hat objektiv der Liebe abgesagt; er hat sich von ihrem Quell geschieden und den Haß erwählt, und Haß (Entzweiung) muß rings um ihn aufschießen, so sehr er nach Liebe verlangen mag.

Die Welt des Übermenschen, ihre blinde Kastenscheidung, ihr unversöhnlicher Begriff von Menschengröße — da strebt der schöpfungsmäßig gestiftete Zusammenhang auseinander, und zwischen den Kräften waltet nicht ein gegenseitiges Erblicken und Erkennen, sondern die endgültige Auseinandersetzung. Das von unten steigende Leben geht nicht frei nach „Oben" weiter; es wendet, es bricht sich; wo die Verbindung ihre größte Kraft entfalten müßte, klafft der Hiatus, schillert die Ironie. „Gesetzt, man denkt sich einen Philosophen als großen Erzieher, mächtig genug, um von einsamer Höhe herab lange Ketten von Geschlechtern zu sich hinaufzuziehen: so muß man ihm auch die unheimlichen Vorrechte des großen Erziehers zugestehen. Ein Erzieher sagt nie, was er selber denkt: sondern immer nur, was er im Verhältnis zum Nutzen dessen, den er erzieht, über eine Sache denkt. In dieser Verstellung darf er nicht erraten werden; es gehört zu seiner Meisterschaft, daß man an seine Ehrlichkeit glaubt . . . Ein solcher Erzieher ist jenseits von Gut und Böse; aber niemand darf es wissen." Dieser höhere Mensch weiß sich „unmitteilbar" und „unbekannt", gleich jenen Elementargeistern, die höchstens in menschenleerer Nacht ihren Namen ins brennende Feuer flüstern. Er predigt den Heloten drunten Tugenden, an die er nicht glaubt. Er verkündigt ihnen Wahrheiten eigenen Fabrikats, die ihn nicht binden. Er trägt in der Öffentlichkeit immer eine Maske; Schauspielerei, List, Verkleidung sind die täglichen Mittel seiner Selbstbehauptung. Und so zeichnet sich mit hundert Einzelzügen das Bild hoffnungslosen Zerfalls zu Ende. Keine Sprache zwischen Oben und Unten, dafür Scheidung und Betrug, ein System der doppelten Wahrheit, vielmehr der „gestaffelten" Wahrheit, wie in Goethes Komödie „Der Großkophta", die auf irgendeinen illuminatistischen oder freimaurerischen Geheimbund zielen mag. Und wo irgend das System der doppelten Wahrheit auftaucht, bezeichnet es den gespaltenen Menschen, und der gespaltene Mensch entsteht immer aus des Menschen Abfall und Selbstvergottung.

Der Übermensch samt seiner „Welt" ist die höchste Form, unter der Nietzsches Lebensmangel, der Tod in ihm, zum Ausbruch kommt, just in dem Augenblick, da uns das Äußerste an neuer Lebenseinheit und Lebensdichte versprochen ist; und — können wir hinzusetzen — just in dem Augenblick, da Europas und namentlich Deutschlands Seele am unzweideutigsten dafür eingesetzt ist, den großen Zusammenhang, die große Einheit des Lebens tiefer, liebender als je zu ergreifen, versäumte Natur allerwärts neu hereinzuholen, der Erde, der Welt, der Schöpfung mit einer neuen Intensität gewiß zu werden.

Nietzsche sagt einmal leise vor sich hin: „Neue Rangordnung der Geister: nicht mehr die tragischen Naturen voran." Aber er hat, indem er als den eigentlich sinntragenden Menschen den großen Ausgeklammerten, den aristokratischen, unmitteilbaren, verlarvten Fremdling aufstellte, den Urfall des tragischen Menschen an die Führung gerufen. Seine Meinung war freilich, daß dieser Fremdling im absoluten „Drüben" sich zu untragischer, übertragischer Geschlossenheit konsolidieren werde. Aber faktisch nimmt dieser Auswanderer in die rundum abgedichtete Gegenwelt die unabwerfbare Störung mit; die Selbstentzweiung bricht in ihm um so sicherer aus, je entschlossener er das Erbe an Transzendenz verleugnet; und gerade die Festigkeit der Kerkerwände, welche die Welt der ewigen Wiederkehr umschließen, verbürgt die tödliche Ausartung der unabwendlichen Spannung. Es läßt sich wohl ein Begriff heroisch-tragischer Lebensführung denken, von dem man sagen kann, daß er sich mit Recht heute zur Mitbestimmung unsrer Seinshaltung anmeldet. Das ist der Begriff des tapferen Einsatzes, der „Ermittelung" von Wahrheit und Schicksal durch ein praktisches Daranwagen der ganzen Existenz. So wagt sich der Wanderer Parsifal, so wagen sich Ödipus und der Verlorene Sohn; so wagt sich Faust und alle tathafte oder geistige Kühnheit im Lauf der Geschichte; und diese Kühnheit muß immer wieder unter Menschen aufflammen, so oft einer Generation die Enge des bloßen Denkens bewußt und der Hunger nach echtem Widerstand, nach faktischem Abtasten ihrer Möglichkeiten wach wird. Wir nannten das oben mit einem aus der alten Rechtspflege genommenen Wort die „scharfe Befragung" des Schicksals. Aber diese scharfe Frage erfolgt, wo sie menschlichen Sinn bewahrt, immer in der Bereitschaft, das Erfahrene geistig anzunehmen, den ertasteten Widerstand als kostbare Erkenntnis sich einzuverleiben. Der Übermensch jedoch ist das S t r ä u b e n gegen jede Erfahrung, er ist die Unwilligkeit zum „Lernen“, er ist die Zurüstung zum Vermeiden des echten Widerstandes. Der Übermensch ist ein Typus der unfruchtbaren Tragik; er kann aus seinem Abseits nie wieder ins Leben zurückfinden; seine Tragik ist eine Tragik zum Tode. Er ist das Wesen, das sich grundsätzlich übernimmt, und das sich somit zum Feind seiner eignen Natur macht. Törichte Hoffnungen locken ihn auf den Weg zum Abgrund, indem sie ihm vorspiegeln, er werde „seine Taten ganz ebenso verdauen, wie er die Mahlzeiten verdaut“, oder er werde sich „von sich selber“ (von seinem Menschentum) erlösen können — erlösen von jenen furchtbaren Realitäten, die in die Urgründe unsres Seins eingesenkt sind und von denen Nietzsche besser wußte als mancher gute Christ: „Man hat gut reden von aller Art Immoralität; aber sie aushalten können! Zum Beispiel würde ich ein gebrochenes Wort oder gar einen Mord nicht aushalten; — langes oder kürzeres Siechtum und Untergang wäre mein Los, ganz abgesehen vom Bekanntwerden der Untat und von der Bestrafung derselben.“ Welche Deutlichkeit in diesem selbsterfahrenen Wink! Welche Klarheit über das Hinabwirken der Sünde bis tief ins Leibliche! Aber die falsche Deutung dieser Wirkung als Schwäche und Wahn treibt in Ungehorsam und Verblendung, wird „Lehre“ von einer Menschenzukunft, die alle Sünde im eignen Haushalt verarbeitet. Wie lebhaft sind wir hier angesprochen von der Tatsache, daß diese Lehre Nietzsches Sein nicht enthält, daß sie nichts weiter ist als unaufhörlicher, frontaler Kampf gegen dieses Sein! Bewußtsein, das sich nicht zu der ihm koordinierten Natur bekennt, Wille, der seine ganze Spannung daher bezieht, daß er den einzigen Feind im eignen Hause hat, eine Wertsetzung, die den Ossa auf den Pelion türmt, um die innigsten Strecken ihres Selbst als das Veraltete, Kranke, Untergehende zertreten zu können — und dies geheiligt als „Selbstüberwindung“, als „Glaube an den Menschen“, als Heroismus zur höheren Zukunft! Kann der Übermensch, da er als tendenziöses Kampfbild gegen wichtige

Strecken der Menschennatur entstand, etwas andres sein als ein Abstraktum? Und muß dieses Bild nicht sterben vor dem Lebenswissen einer neuen Menschheit, welche die falschen Ausklammerungen klar als Teufelswerk erkannt hat und gerufen ist, die große Einheit des Lebens bereitwilliger, liebender als je zu ergreifen?

Nochmals: Das Denken Nietzsches führt nicht zum Menschen, sondern zu dessen Zerfall. Sein Übermensch im Abseits, wie er ihn im „Willen zur Macht" vorträgt, mit seiner unaufheblichen Einriegelung in den Elfenbeinturm, er beweist, daß in Nietzsches Denken überall das Zusammenkommen fehlt, das wechselseitige Sich-Erblicken des Oberen und des Unteren. Wie bei ihm kein Trauen zwischen Denken und Wirklichkeit lebt, wie der Geist bei ihm der Natur nur auf ironische Weise begegnen kann, so gibt es auch keine Verbindung zwischen den „Herren" und der „Herde". Und keinerlei Mittel sind gegeben, um diese Scheidung jemals wieder aufzuheben. Sie ist im Augenblick ihres Entstehens schon metaphysisch versteift. Die lösende Kraft, welche die Wendung bringen und das januskopfartige Auseinanderstarren der zwei verfeindeten Aspekte umkehren könnte, tritt nirgends ins Gesichtsfeld.

Das Problem der Mitte

Das heißt zugleich: von der Verwirklichung des Menschen hat dieses Denken keinen Begriff. Es weiß wohl, wie wir mehrfach gesagt haben, von der Eigengesetzlichkeit des Lebens und von der Pflicht zur „Verdichtung". Aber der einzige Weg dazu bleibt ihm verschlossen. Wie sprechend ist in diesem Betracht die gespannte Stellung dieses Denkens zur Frage der M i t t e ! Überall, wo in einem Denksystem die B e z i e h u n g gedacht wird, also das Verbindende, die wesentliche Kraft zur Verwirklichung — überall da wird sich ein bestimmter, hochbedeutsamer Wert der Mitte darstellen. Der Mensch als Mitte, der Mensch der Mitte; das Geschöpf, dessen Heimland Midgard heißt und das den Begriff seines „Maßes“ kaum denken kann, ohne den Begriff der „Mitte“ hinzuzudenken. Wir haben davon gesprochen, daß Nietzsche mit dem Begriff der Mitte nichts irgendwie Werttragendes verbinden kann. Wenn er seine Lehre bezeichnet als „eine Lehre, die eine Kluft schafft“, so setzt er alsbald hinzu: „Sie erhält die oberste und die niedrigste Art (sie zerstört die mittlere).“ Wohl hat er die Möglichkeit, die große Schicht der Mittelmäßigen, die Schicht der Mediokrität zu bejahen. Aber sieht man näher zu, so ist damit nicht der Mensch der Mitte gemeint, sondern der Mensch des Durchschnitts, der Herde, also der Massenmensch. Diesen kann er bejahen, nicht weil sich in ihm Menschentum maßstäblich erfüllt, sondern weil er ihn braucht als Sockel, auf dem allein der höhere Mensch Stand und Boden findet. Aber von jener hohen Funktion der Mitte, als dem eigentlichen Ort menschlicher Konkretisierung, hat er — hierin ein echtes Kind seiner Zeit — keinerlei Vorstellung. Er denkt hier unverändert auf der Linie des Protestes gegen den „Bürger“, auf der Linie einer Spaltungsideologie, die allein dem freigesetzten Geiste, den Rebellentypen des bindungslosen Künstlermenschen, des „Ästheten“, des Baudelaireschen oder Wildeschen Dandys oder des revolutionierten Arbeiters zu huldigen wußte.

Hier zeigt sich auch ein weiterer Punkt, der ihm das Christentum unverständlich und unannehmbar machen mußte; denn das Wissen um den Menschen der Mitte und das Streben nach diesem sind dem Christentum bei seinem tiefen Realismus innig einverleibt. Die Menschengestalt, worauf die Briefe der Apostel seelsorgerlich abzielen, ist gewiß nicht gleichzusetzen mit dem, was der moderne Haßname „Bürger“ meinte. Trägt sie gleichwohl Züge, die wir im guten Sinne als Züge des bürgerlichen, aus echtem Gemeingefühl lebenden Menschen bezeichnen können, so sind sie lauter Ausdruck eines im Glauben verwirklichten Menschentums, für welches Zeit und Ewigkeit, Irdisches und Himmlisches, Natur und Innerlichkeit gleichermaßen nahe und ergreifbar geworden sind. Das Maß dieses Menschentums ist Christus. Und Christus mußte Nietzsche das Allerverborgenste und Unzugänglichste bleiben, als der höchste Fall des liebenden Zusammenkommens, als Vereinigung von Gott und Mensch. Auf die ewige Geschiedenheit des Geistigen und des Naturhaften war ja Nietzsches ganze Welt erbaut; weil Gott und Mensch, Oben und Unten niemals sich liebend und in Treue begegnen konnten, war ja die luziferische Schöpfung der Gegenwelt erst notwendig geworden. So mußte ihm das einzig Rettende das einzig Sinnlose und ewig Unannehmbare sein. Verborgen blieb ihm, daß in Christus dem Gott-Menschen allein das Leitbild gegeben war, unter dem der große Bruch im menschlichen Sein sich heilen konnte. Christus, die verwirklichte Mitte . . .

Wie sonderbar stehen hier zwei Dinge gegeneinander: Nietzsche beansprucht, mit seiner Umwertung aller Werte in der Mitte der Menschengeschichte zu stehen. Er habe, sagt er mehrfach, den großen Gedanken gefunden, der die Geschichte der Menschheit in zwei Hälften zerspaltet; mit Sprengkräften des Dynamits sieht er diesen Gedanken begabt; gelegentlich braucht er das Bild, er schieße, als alter Artillerist, mit diesem Gedanken die menschliche Entwicklung in zwei Teile auseinander. „Mitte" also und „Mittag" als Ort der furchtbarsten Scheidung, der unerhörten Krisis, die das Frühere und das Spätere, das Obere und das Untere zu heilloser Entzweiung zerklüftet. Auch von Christus hören wir sagen, daß er in der „Mitte der Zeiten" stehe. Auch er bringt eine Krisis, eine Scheidung, die das Spätere von allem Früheren trennt, eine Erneuerung der Kreatur. Aber da ist Mitte der Ort der überschwenglichen Versöhnung, der Augenblick der mächtigsten Liebe. Sie hebt die Fremdheit zwischen Oben und Unten auf, sie stellt den zerbrochenen Menschen und die zerspaltene Einheit des Lebens wieder her. Mit Christus kehrt das Vertrauen wieder ein, die Enthüllung des „unbekannten Gottes" als des

Vaters vollzieht sich, die Ausräumung aller gnostischen Ironie (die ja schon vorchristlich durch unsre von Verfeindungsmächten gestörte Welt geistert); namentlich stellt sich mit Christus auch das Vertrauen des Denkens zu sich selbst wieder her, und es geschieht damit der wichtigste Schritt zur Verwirklichung des Menschen, der ohne das Vertrauen auf die echte Weltbezogenheit seines Denkens zum Gespenst werden muß. Christus hat der abendländischen Menschheit ein *geheiltes* Denken wieder ermöglicht, und es gehört zu den dauernden, stets wiederholten Diensten des Christentums an der Kulturwelt, daß es deren Vernunft gesund erhalten hat.

Sinn der gegenwärtigen Stunde

Diese Wahrheit hat ein unvergleichliches Gewicht gerade für ein neues Geschlecht, das die Erde neu zu ehren und sein Schöpfungserbe (mit Einschluß der Werte von Blut und Volkstum) herzhafter als die früheren anzutreten denkt. Wir haben uns am Beginn dieser Ausführungen auf das Leben, Denken und Sein dieses neuen Geschlechtes als auf unsern eigentlichen Ausgangspunkt berufen. Wir haben beansprucht, Nietzsches Lehren gegenüber das Wort dieser neuen Generation zu führen, das Wort einer gewandelten Weltstunde, die in ihrem Bewußtsein plötzlich ein neues Vertrauen zur Schöpfung vorfindet, und zwar als ein Vertrauen, welches dem *Selbstvertrauen* dieses Bewußtseins nicht etwa widerstreitet, sondern ihm innig und ursächlich verschwistert ist. Einwanderung des Menschengeistes in die Lebensbindung; eine erste geschichtswirkliche Überhöhung derjenigen Ebene, auf der sich die große Spannung Geist-Leben nur als friedloser Streit, als ausschließendes Entweder-Oder austragen konnte.

Wir meinen damit etwas Großes an Schicksal und Möglichkeit. Wir meinen, daß binnengeschichtlich, als Zeittendenz, als eine der Weltstunde gegönnte Gnade ein Heimruf des abgefallenen Geistes in die Lebens f ü l l e an uns ergangen ist. Nicht als ein Ereignis bloß für „Gläubige", sondern als eine gerade auch im „weltlichen" Geistesbereich wirkende Kraft steht im Heute die Anmutung, die faktische Bindung zwischen Denken und Sein durchgängig anzunehmen und zu leben. Naturergreifung und Geistesbejahung, Lebensdichte und G l a u b e n zeigen sich uns heute in jenem unlösbaren Zusammenhang, der sich bisher in einer bunten Wirrnis noch unerprobter Möglichkeiten verborgen gehalten hatte. Eine ganz neue Bereitschaft, Natur in ihrer Eigenständigkeit ernst zu nehmen und zu l i e b e n , und d a r i n gerade — nicht in den ängstlichen Ausklammerungen und eilfertigen Kurzschlüssen — das hausväterliche Königtum des Geistes erfüllt zu wissen — diese Bereitschaft, die eine zeit- und weltgültige Verlockung zum Eintritt in die Wahrheitsfülle bedeutet (wie es andre Zeiten gab, da die Verlockungen zur Wahrheits v e r f e h l u n g im Vordergrunde standen) ist uns heute so dringend aufgegeben, daß es fast eines aktiven Widerstandes bedarf, um sich ihr zu versagen.

Darin liegt etwas durchaus Neues, das sich hoch über alle geschichtliche Erfahrung der heute Lebenden hinaushebt. Irren wir, wenn wir sagen: Ein Jahrtausendschritt! Eine Wendung von weither!? Vielleicht darf ein biologisches Bild dazu dienen, dieses Urteil über den Sinn der gegenwärtigen Lage zu verdeutlichen.

In dem der Kindheit eben entwachsenen Einzelmenschen pflegt sich eine Gabelung der Kräfte zu vollziehen. Er erfährt das Auftreten einer bis dahin völlig unbekannten Instanz, nämlich des B e w u ß t s e i n s in seinem schroffen Rücktritt von der Welt außen und innen; Ort des sich biographisch aktualisierenden Sündenfalles; Bruch der kindlichen Seinseinheit (daher vielfach auch Entstehungspunkt der klinischen Persönlichkeitsspaltung); Zeitpunkt der großen Verfeindungen und wechselseitigen Verteufelungen, mit lebensscheuer Geistigkeit hier und zynischer Naturvergötzung dort. Diese Lage mag als Analogiefall zur Geisteslage der Nietzschezeit (Schopenhauer, Baudelaire, Strindberg) gelten; und diese wieder als letzte dürre Aufgipfelung einer Jahrhunderte hindurch bestehenden und sich vielstrahlig ausarbeitenden Situation der „gestörten Ordnung".

Jener Gabelung folgt dann im geglückten Einzelleben das Mannesalter, das Erwachsenen-Alter, und für dieses ist eine Umkehrung des Auseinanderstrebens charakteristisch. Geist erkennt seine Zuordnung zu den unteren Seinselementen; die Partner „erblicken" sich, erfahren ihre unaufhebbare Verbundenheit und lernen sich vertragen. Dies ist das Merkmal jedes geglückten Erwachsenenlebens, es sei im übrigen so hoch oder so niedrig wie es wolle; selbst das Leben des Verbrechers folgt diesem Gesetz. In dieser Strukturänderung wirkt, tief vermummt, eine Gnade. Sie bringt in biologischer Verlarvung einen neuen Antrieb, der in der Breite der Fälle zur Lebenstüchtigkeit, zur bestandfesten Persönlichkeit führt, in hohen Fällen zu einer durchgängigen Ordnung bis hoch ins Denkerische, Sittliche und Religiöse hinauf.

Blicken wir nun unter der Führung dieses Bildes zur Geistesgeschichte hinüber, so kann es uns sagen, daß wir heute nach Jahrhunderten jünglingshafter Kräftegabelung an einem Punkte stehen, wo „von Natur", im Seinsdunkel wirkend, jene Gnade der inneren Verdichtung uns geschenkt wird. Eine unbegreifliche *Hilfe*, die *so*, als erkennbares Wort an eine ganze „Zeit" plötzlich da ist, nachdem sie kurz vorher noch nicht dagewesen war! Ein bloßes dumpfes Erleiden dieser Gnade mag in vielen Fällen nicht weiterführen als zur überbetonten Würdigung der Natur, zur Kapitulation des Denkens, zu falscher Verdiesseitigung. Aber wer in die Tiefe dieser Stunde horcht, den redet unendlich Höheres an. Er vernimmt die Aufforderung, diese Gnade *total* zu beantworten, im Durchbruch zu einer großen Weltumarmung unter Gottes Auge, d. h. zu einem *vertieften Schöpfungs-*

glauben, für den auch die widerständigsten Strecken der Wirklichkeit, die nüchternste, kühnste Sachlichkeit des wissenschaftlichen Forschens eingearbeitet sind in das menschengestaltige Bestehen des Lebens.

Nicht als ob die Tragweite dieses Jahrtausendschrittes einseitig zu fassen wäre! Sie erschöpft sich nicht etwa darin, daß der „abgefallene Geist" vor die christliche Wahrheit geführt wird als vor eine Instanz, die richtend und fest dastünde, von der Wandlung nicht ergriffen und ihrer nicht bedürftig. Es bleibt nichts am alten Ort und im alten Bestand. Die große Wende ergreift alle einzelnen Positionen und erfüllt sie mit ihrem neuen Sinn. Christus ist die Wahrheit, er ist der Weg und das Leben. Aber das christliche Bewußtsein ist — wir sagten es schon — in Zeit und Geschichte hinausgehalten. Es nimmt an deren Fehlläufen vollen Anteil und bedarf der jeweils belebenden Hilfen, der einzelnen Zugriffe Gottes, genau so wie die ganze übrige Welt. Dem, was in Christus auf Erden erschien, hat sich das christliche Bewußtsein in seiner Art der Weltergreifung und der Lebensbearbeitung oft ebensowenig angemessen gezeigt wie das jeweilige Säkulum. Christus, unser Meister und unser Menschenbruder, führt unveräußerlich die große Weisung mit sich, Gott, Mensch in einem Gedanken zu denken und sie in der Zuordnung, d. h. von des Vaters schaffender und verbindender Liebe her zu verstehen. Dagegen ist das christliche Bewußtsein je und je in die falschen Ausklammerungen verfallen und hat die mächtigen Tendenzen der Zeit mitleben müssen, die sich bewegt und planetenhaft zur Wahrheitssonne Christi verhalten. Aus der strahlenden Wahrheit, daß die Weisheit der Welt Torheit ist vor Gott, hat es enge und sündhafte Folgerungen gezogen. Es hat dem redlichen Forschen des Verstandes, der mit seinem Zählen und Messen zur gottgewollten Wirklichkeit ebenso gehört wie die andern Kräfte des Menschen, oft bittere Absagen erteilt im Glauben, nur so die höhere Wahrheit verteidigen zu können. Und das Tragische der Situation vollendet sich beim Erblicken des übermächtigen Zwanges, der in diesen zeitweiligen „Verblendungen" waltet. Die Kirche nimmt Ärgernis an der wissenschaftlichen Wahrheit, die Galilei verkündigt, und stempelt ihn zum Ketzer. Sie irrt schwer in der Einreihung dieser wissenschaftlichen Tat — und doch irrt sie wieder nicht, insofern sie mit derselben die beginnende autonomistische Empörung des Verstandes zu treffen glaubt. Das christliche Bewußtsein hat sich immer pflichtgemäß bemüht, feste, lebensgültige Weisung aus Christi Wahrheit zu ziehen, und gerade dadurch blieb und bleibt es stets in der Nähe der Gefahr, etwas Sicherndes für sich zu erbeuten, welches sich dieser Wahrheit bitter versagt. Es bleibt gefangen im Irdischen und Geschichtlichen und hat nie eine Gewähr dafür, daß es mit seinem dinglichen Für und Wider, mit der Objektwahl seiner Ausschließungen und Annahmen die Wahrheit Gottes erfüllt. Auch für das christliche Bewußtsein bricht heute eine neue Epoche an.

So ist die Wende, in der wir stehen, ausstrahlend nach allen Seiten mit Forderungen und Winken, die Eingesetztheit des Menschen in die Schöpfung mutiger und weiter als je zu verwirklichen. Dieser unser Augenblick ist es, von dem hier gesprochen wird. Es ist ohne Zweifel der Augenblick einer gewaltigen Befreiung; darin hat Nietzsche durchaus Recht. „Vielleicht gab es noch nie ein so offenes Meer!", rief er. Das entspricht im Tiefsten der Lebensstimmung des Geschlechtes, dem nach Durchwanderung so vieler Engpässe und Einklemmungen die ganze wirkliche Welt neu geschenkt ist. Geist, der sich zum Leben bekennt, weil er nach Jahrtausenden des asketischen oder ironischen, des trotzigen oder angstvollen Rücktritts von der „Welt" in sich so stark geworden ist, daß der Rückfall in die einstige Naturverschlungenheit für ihn keine Gefahr mehr ist; Geist, der im Gegenteil durch dieses lange Festhalten der Distanz nun in Gefahr geraten war, die Fühlung mit den „unteren", den Vitalsphären zu verlieren, und der nun begreift, daß er als mißtrauischer Tyrann oder als gewalttätiger

Ausbeuter der Natur oder als zärtlicher Weltflüchtling die Schöpfung Gottes verfehlt und verleugnet; Geist, der zum erstenmal die in die „Welt“ ausgespendete Treue Gottes voll erkennt und sein Weltvertrauen ausschickt, um dieser Treue zu begegnen, der den Gewalten und Gestalten der Natur durchaus als legitimer König, doch in vollkommen liebendem Wissen um die wechselseitige Zuordnung und um den Ernst des verselbständigenden, individualisierenden Schöpferwortes gegenübersteht; Geist, dem Glauben zur Natur geworden ist, der sich nicht auf der Linie der erbeuteten, formulierten Sicherungen voranbewegt, sondern in der Kühnheit einer Kindschaft, die dem Hause und dem Vater vor allem andern vertraut — dies ist das Zeichen der Stunde. Ihre Kräfte wirken ringsum, verhüllt und offen, hier mehr in den Stoffen der Tat und der Leidenschaften, dort mehr im Stoff der Gedanken und Werte, der geistigen Weltergreifung.

Mit und gegen Nietzsche

Vieles, was wir von diesen Kräften wissen, wissen wir mit Nietzsche, vieles durch ihn. Sein zehrender Lebenshunger, Ausdruck eines unheilbaren Klaffens in seinem persönlichen Sein, setzte ihn echt in die Weltstunde ein, die heute über uns zur Reife kommt. Den Jahrtausendschritt, der sich vorbereitet, und die Entscheidungsschwere, womit er beladen ist, hat er gespürt. Er hat klar vorempfunden, daß es um eine beispiellose Befreiung und Durchbruchsschlacht gehe, und von dem Ziel, der neuen Seinsgeschlossenheit und Erdmächtigkeit des Menschen, hat er als Erster große Begriffe von echter Führungskraft in die Welt gesetzt.

Aber vieles, das ebenfalls zu dieser Stunde gehört, wissen wir gegen Nietzsche und müssen es — „Folgt mir nach und verlaßt mich!“ — gegen seine Lehre verteidigen. Die Befreiung, die uns aufgegeben ist, war ihm nur denkbar als eine Befreiung von Gott. Unser Wissen ist, daß die Befreiung von Gott unfehlbar zur Knechtung unter unbekannte Gewalten führt; daß sie das Diesseitige nicht sichert, sondern erst recht in Frage stellt. Nietzsche konnte die neue Naturgläubigkeit nur realisiert denken als Absage an die Transzendenz. Wir wissen, daß verleugnete Transzendenz die Menschenwelt unwiderstehlich zersetzt. Die denkerische Weltbearbeitung aus einer ihrer Seinsbeziehung vertrauenden Vernunft galt Nietzsche als weltverfehlend und weltverzehrend. Unser Wissen sagt, daß nur eine Menschheit, die ihrem Denken als einem zuverlässigen Organ des Erkennens vertraut, ihre Gestaltungskräfte fest in die Hand bekommt, daß nur sie irdische und geschichtliche Präsenz besitzt. Der grundsätzliche Zweifel an der Vernunft ist uns bloßgestellt als Verzicht auf eine menschenfaßliche Welt, als Abrüstung des Menschen vor einer Aufgabe, die er nur im vollen Besitz seiner natürlichen Waffen bewältigen kann. Wir wissen, daß der Mensch, indem er sich entgeistet, nicht an seiner Verirdischung, sondern an seiner Verflüchtigung arbeitet. Er erwirbt nicht ein gutes Gewissen zur Natur innen und außen, indem er sie als Gegenposition gegen Gott aufstellt, sondern er belädt sie dadurch mit Verdacht und schrecklichem Mißtrauen. Wir wissen weiter, daß die Einheit der menschlichen Existenz, zu der wir neu gerufen sind, nicht durch illusionistisches Verdrängen der „störenden" Großbeziehung hergestellt werden kann, sondern nur im Durchbruch nach vorwärts, als echte Heilung des unvordenklich geschehenen Risses; nicht in einem Träumen nach rückwärts, welches dem Menschen die Wirklichkeit des großen Bruchs glaubt ausreden zu können (als „fiktiv", als bloß eingebildet), sondern in einem Verwirklichungsvorgang, der die verfeindeten Seinselemente im Menschen faktisch zusammenfügt.

Hier steht Christus auf; sein Kreuz und sein Sieg; sein Leben, in dem das unmögliche Ineinander von Göttlichem und Menschlichem wirklich wird; Urfall und Leitbild aller menschlichen Verwirklichung; der geheime König dieser Weltstunde, d. h. ihr geschichtlicher Beweger, Regent, ja Herzog, rex, weil es in ihr um einen neuen Stoß der Verwirklichung des Menschen geht; weil ihr Hauptthema nicht so sehr die Erlösung als die irdische Befestigung des Menschen, seine weitere Einwanderung in die Schöpfung ist.

Der Augenblick, der nach Nietzsches Meinung die entschiedenste und endgültige Widerlegung, selbst Austilgung des Christentums brachte, setzt — auch hier muß von einem neuen „Wissen", nicht einem bloßen Meinen gesprochen werden — das Christentum von neuem in Kraft und Auftrag, mit einem geschichtswirklichen Nachdruck, für den es wenige Beispiele gibt. Gerade in einer Zeit, da der Mensch sein irdisches Eigentum mit neuem Ernst fordern muß, erhebt sich neu das Wissen um die einzig legitime Einsetzungsformel in die Fülle dieses Eigentums. Sie steht bei Paulus: Welt und Natur, Leben und Tod, Staat und Volkstum, alles Ergreifen und Gestalten der Erde — „Es ist alles euer, ihr aber seid Christi". Das heißt: Ihr habt freies Verfügen und Genießen eurer gesamten Schöpfungsmitgift, sofern ihr in der Kindschaft zum Vater bleibt. Und dieses „sofern" ist zugleich ein „indem"; es ist nicht Einschränkung, sondern Stiftungs- und Begründungswort der echten Herrschaft des Menschen in der Welt.

Weil es in dieser geschichtlichen Stunde um das Diesseits geht, fordert sie den legitim und voll verwirklichten Menschen. Nietzsche hat vorausgesehen, daß in naher Zeit an die „Erdregierung" gedacht werden müsse. Er ahnte das Zusammenrücken aller politischen Räume voraus, die Notwendigkeit, in größeren Machtsphären zu denken — und in dieser Richtung zeigt sich seine prophetische Schau vielleicht von ihrer größten und erschütterndsten Seite. „Die Zeit kommt, wo der Kampf um die Erdherrschaft geführt werden wird", sagt eine Nachlaßnotiz, — „er wird im Namen philosophischer Grundlehren geführt werden." Dieser

Begriff „philosophische Grundlehren" zeigt uns freilich ein vieldeutiges Gesicht. Aber können wir Heutigen nicht unter ihm Dinge denken, die sich mittlerweile schon bestimmter umrissen haben? Z. B. jene quer durch die Völker ziehende Front gegen die bolschewistische Unterwühlung der Menschengestalt? Oder jene noch ganz unklare Front der planetaren Verteidigung der abendländischen Menschenstruktur (meist benannt als „Solidarität" des weißen Mannes gegen die Farbigen) — nachdem einmal erkannt ist, daß die Rassen auf Erden verschiedene Menschenstrukturen bedeuten, die sich wechselseitig, eben durch die Seinsverschiedenheit, mit Tod bedrohen und die daher nicht in ungeklärten Herrschaftsverhältnissen ineinander bestehen können? Das Weltreich Alexanders mit seinem gewaltigen Versuch, die orientalischen Perser als Staatsvolk neben die Makedonen zu stellen — welches Beispiel in seinem Mißglücken, welche Warnung! Nietzsche sah: Es ist Krieg gestiftet durch das Nebeneinander der unterschiedenen Menschenstrukturen, ein Herrschaftsvakuum in irgendeinem der Großräume der Erde wird fortschreitend unmöglicher, es muß um die Herrschaft der regierungsfähigsten, den „Menschen" am höchsten erfüllenden Menschenstruktur gestritten werden.

Aber was Nietzsche nicht sah, das war die Tatsache, daß nur der Mensch der vollen Verwirklichung und „Rückendeckung", der durchaus geschichts- und schöpfungsfeste, seinem Denken vertrauende, in gläubiger Gotteskindschaft zum vollzogenen Bewußtsein gelangte Mensch diese „Erdregierung" werde verwalten können. Nicht der Mensch der erlachten und ertanzten Freiheit, nicht der Mensch der erspotteten und erlästerten Selbstgewißheit, also der Illusionist und Empörer, entspricht der gegenwärtigen Weltstunde. Sie hat an Höheres gedacht; an Nüchternheit und Leistung, an endliche Bejahung des zueinander Geschaffenen, an den Menschen als Kind des Hauses und gesetzlichen Erben der Schöpfung, an den Menschengeist, der sich gläubig und gehorsam in die Lebensbindung zurückwendet. Sie hat an etwas Neues, vielleicht Nie-Dagewesenes an Leben gedacht, mit einem stillen, gewaltigen Ernst, in dem sich Großes an Freude und Erkenntnis, Großes an Aufgaben und Lasten anzukündigen scheint. Steht aber unter den Entscheidungen, die sie bringt, auch eine Entscheidung über das Christentum: Könnte sie nicht dahin lauten, daß der Abendländer bei dem gegebenen Grad seiner Bewußtseinsausbildung endgültig darauf verzichten muß, eine wahre Natur- und Weltbeziehung außerhalb des Christentums zu suchen? Könnte die Stunde nicht insgeheim mit dem geschichtswirksamen Nachweis befrachtet sein, daß der Abendländer nur als Christ die ihm eigene Menschengestalt festhalten und durchsetzen kann?

Was hier als Frage steht: uns ist es Überzeugung.

Diese Überzeugung steht zu dem, was bei Nietzsche Lehre und bewußte Entscheidung ist, in unversöhnlichem Gegensatz. Es wäre unredlich und weder der Erkenntnis dieser Weltstunde noch der Erkenntnis Nietzsches förderlich, diesen Gegensatz zu leugnen. Aber es bleibt dabei etwas bestehen, eine Gültigkeit Nietzsches gerade auch vor unserem Anspruch, die nicht leicht zu fassen ist und die doch Fassung erfordert, damit der große Mensch Nietzsche nicht mit kostbaren Strecken seiner Existenz für uns „vor den Toren" bleibe. Was wir da meinen sind 1. nicht die reichen, wertvollen Einzelerkenntnisse, die er fand, 2. nicht die geschichtsrichtigen Antriebe und Zielsetzungen, die von ihm ausgingen, 3. nicht die mittelbaren Förderungen der Wahrheit, die gerade in der Mächtigkeit und Rückhaltlosigkeit seines Irrens ihre Quelle haben, und 4. nicht die Werte seines hohen, edlen Naturells, welches sich darstellt als kindlich großherzig und arglos, freundlich teilnehmend am Kleinsten, neidlos, sanft und unegoistisch, treu in der Freundschaft, aufopfernd im Werk und in der Ehrung des Großen, ehrerbietig vor dem Wert, meilenfern allem Niedrigen, aller Eitelkeit oder Rachsucht, friedfertig und leicht zu begütigen, ritterlich, liebeverlangend und wahrhaftig, und in der Sphäre der Leidenschaften so rein, daß man seine Unkenntnis des wirklichen Menschen und sein Nichtwissen um Religion teilweise nur von hier aus verstehen kann.

Wir meinen mit dem, was wir seine Gültigkeit vor unserem Anspruch nannten, etwas anderes. Wir meinen die Echtheit seines Denkschicksals, wir meinen die unaufhörliche Ausgesetztheit unter Zug und Druck aus einem Jenseits, das er leugnete, das unablässige Spüren nach dem Grund noch im Abgrund, die unabweisbare Beziehung zum Echten, das reine, lebensvolle Antworten auf das Geheimnis der Landschaft, die Unruhe, die jedes „bourgeoise" Verweilen auf irgendeiner Etappe der Gottesausschließung durchbricht, seine Liebe zur „Ewigkeit", sein vorbildliches Leiden in der großen Leere, sein elementares Ungenüge an allem Bedingten, seine tiefe Verwiesenheit auf ein Zuhause in höchsten Bezügen und letzten Erschwingungen; dies alles nicht als „Haltung", sondern als unverstelltes Sein, und somit schlechthin verehrungswürdig. Es zeigt sich eine absolute Bestimmtheit durch Jenseitiges. Aber er wagte ihm keinen Namen zu geben. Er verstieß es ins Unsagbare, weil er in sich den Quell des echten Sprechens und Benennens verschüttet hatte. Die Ablehnung des Namens aber ist die Verweigerung des Ja, des gegenseitigen Kennens, des Trauens, der offenbar gewordenen Kindschaft. Sie ist die Rückkehr zum unbekannten Gott, zur unbekannten und unerkennbaren Welt, zur Verfeindung zwischen Leben und Bewußtsein, zur Selbstausstoßung des Menschen aus seinem Eigentum. „Ich ging den Ursprüngen nach: da entfremdete ich mich allen Verehrungen — es wurde fremd um mich und einsam", sagte Zarathustra. Wie wurde ihm diese Fremde bewohnbar? „Aber das Verehrende selber in mir — heimlich schlug es aus; da erwuchs mir der Baum, in dessen Schatten ich sitze, der Baum der Zukunft." Ein Baum, der Schatten gibt, gewachsen nicht aus Erdreich und Keim, sondern zauberisch gebildet, halluziniert aus menscheneigenem Verehren? — Das nennen wir: Wahn. Das ist das große Nichtwissen, daß dem Menschen Ehrfurcht, Dank, Liebeskraft gegeben sind, damit er das finde, was nicht in ihm und von ihm ist, das Andere, das Dichte, das Gestiftete und ihm Geschenkte, das Wirkliche! Daß er ihm aus seiner Einsamkeit heraus liebend begegne, es mit allen Organen annehme, einatme und einverleibe, und daß er in der Gabe und hinter ihr den Spender erblicke und das Geschenk vollende in dem Wort, welches alles wirklich macht: Lieber Vater; Unser Vater.